Carlo Carretto

Beata te che hai creduto

edizioni paoline

Settima edizione 1989

Piazza Soncino, 5 - 20092 Cinisello Balsamo (Milano)
Distribuzione: Commerciale Edizioni Paoline s.r.l.
Corso Regina Margherita, 2 - 10153 Torino

La Madonna del carrettino

Fratello!

Sorella!

Prima di incominciare a leggere, da' uno sguardo alla copertina di questo libro.

Troverai una piccola anomalia.

Il bimbo che è nelle braccia della Madonna al posto dell'uccellino originario dipinto da un anonimo del Quattrocento stringe un carrettino come fosse un giocattolo preparatogli da san Giuseppe con un pezzettino di legno.

La sostituzione è dovuta a me e mi spiego.

Avevo 36 anni e il papa Pio XII mi aveva chiamato a Roma a dirigere la gioventù di Azione cattolica. La faccenda allora non era una piccola cosa. Oggi il movimento cattolico è spezzettato in mille e mille rivoli: allora l'organizzazione era unica e raggruppava mezzo milione di giovani con quattordici giornali e oltre ventimila associazioni.

Mi sentivo sovente schiacciato dal peso della responsabilità e conobbi allora cos'era l'angoscia specie quando dalla periferia viaggiavo verso Roma.

Sì, era Roma la mia angoscia, il lavoro superiore alle mie forze, quell'indicibile mistero che emanava da quelle pietre antiche della capitale, l'incontrare con gli occhi quella piazza San Pietro che al turista parlava solo di armonia stupenda ma che a me dava una sofferenza atroce e che a volte mi paralizzava.

Avevo in casa una copia di quel quadro abbastanza famoso. Me la tenevo cara perché mi piaceva e mi diceva tante cose.

Non so come avvenne, so che mi sentii spinto a prendere i pennelli e a sostituire l'uccellino col carrettino simbolo del mio nome di famiglia.

Facendo quel disegno infantile fu come se dicessi a Maria: « Sta' attenta tu. Sarei contento di essere un giocattolo nelle mani di tuo figlio, specie ora che sono in difficoltà, ma sta' attenta tu ».

Non mi passò completamente l'angoscia di Roma, ma ciò che è certo è che quando sentivo la stretta al cuore, pensandomi parte di quel quadro così sereno, riuscivo a stare calmo e a terminare la giornata in pace.

Posso dire che sempre, nei momenti duri, il mio pensiero era su quel quadro dove Gesù stringeva il suo carrettino di legno, segno di un altro carrettino cigolante sulle strade polverose del mondo.

Debbo dire però che i miei rapporti con Maria, la madre di Gesù, erano guastati dal romanticismo di quella devozione mariana che imperversava prima del Concilio e che a poco a poco si svuotava di contenuto.

Che Maria fosse regina, e che regina!, che fosse una creatura che non sbagliava mai, che camminava sulle strade della sua Nazaret con la visione tutta chiara delle cose, incapace di peccare e di dubitare, ha poco da dire a chi è angosciato e si trascina nel deserto della fede con tanta fatica.

L'esaltazione fatta di questa creatura dal fanatismo di allucinati, così numerosi nel mondo cattolico, finisce per svuotare di autentico contenuto teologico la devozione per colei che è nientemeno che la Madre di Dio e che non ha bisogno di raccomandazioni per essere considerata. Basta non tradire il Vangelo.

Non mi sono mai stupito quindi nel vedere in questi decenni inaridirsi nelle giovani generazioni la fonte dell'amore per Maria di Nazaret e i venditori di rosari chiudere bottega.

Era necessario che così avvenisse.

Come per tante altre cose, bisognava ricominciare da capo.

Non abbiamo incominciato da capo con la Bibbia, considerata ai tempi della mia giovinezza un libro proibito?

Non abbiamo cominciato da capo con la liturgia espressa prima del Concilio nell'immobilismo di gesti abbastanza freddi, in una lingua incomprensibile alle folle com'è il latino?

Non abbiamo incominciato da capo con la Chiesa considerata nel passato come una piramide clericale, mentre il Concilio ce l'ha delineata come « popolo di Dio » in marcia verso la Terra Promessa?

Ebbene anche per la Madonna incominciamo da capo anche se questo « incominciare da capo » è solo un'impressione perché, in realtà, le cose continuano, perché nella Chiesa, che è un corpo vivo, una realtà viva, tutto continua.

Per me il ricominciare da capo ha avuto un momento importante.

È stato durante il mio lungo soggiorno nel deserto.

Vivevo nell'Hoggar in una fraternità di Piccoli Fratelli del padre de Foucauld e mi guadagnavo il pane lavorando sulle piste di Tit, Tazrouk, In Amguel, come meteorologo. Il lavoro mi piaceva assai perché oltre il sostentamento mi dava la possibilità di vivere nell'ambiente che avevo cercato, il deserto, e di unire alla fatica quotidiana i grandi silenzi e la possibilità della preghiera prolungata.

In poco tempo conobbi i tuareg che vivevano sotto la tenda, gli aratini che coltivavano le oasi e gli arabi che venivano dal nord e i mozabiti che si dedicavano ai commerci.

Mi ero affezionato soprattutto ai tuareg che avevano gli accampamenti lungo le «gueltà»[1] e sugli altipiani e coglievo le occasioni dei miei viaggi per fermarmi con loro la sera dopo il lavoro.

Fu durante un incontro con loro che io venni a conoscenza di un fatto interessante.

Ero venuto a sapere, quasi per caso, che una ragazza dell'accampamento era stata promessa sposa ad un giovane di un altro accampamento ma che non era ancora andata ad abitare con lo sposo perché troppo giovane. Istintivamente avevo collegato il fatto al brano del vangelo di Luca dove si racconta proprio che la Vergine Maria era stata promessa a Giuseppe, ma non era ancora andata ad abitare con lui (Mt 1,18).

Ripassando due anni dopo in quell'accampamento, spontaneamente, come per trovare motivi di conversazione, chiesi se il matrimonio fosse avvenuto.

Notai nel mio interlocutore un turbamento, seguito da un evidente imbarazzato silenzio.

Tacqui anch'io. Ma la sera, attingendo acqua ad una *gueltà* a qualche centinaio di metri dall'accampamento, vedendo uno dei servi del padrone, non potei resistere alla curiosità di conoscere il motivo del silenzio imbarazzato del capo dell'accampamento.

[1] Bacino roccioso dove affiora l'acqua.

Il servo si guardò attorno con circospezione, ma, avendo in me molta confidenza perché « marabut »[2], mi fece un segno che ben conoscevo passando la mano sulla gola col gesto caratteristico degli arabi quando vogliono dire: « è stata sgozzata ».

Il motivo?

Prima del matrimonio s'era scoperta incinta e l'onore della famiglia tradita esigeva quel sacrificio.

Ebbi un brivido, pensando alla ragazza uccisa perché non era stata fedele al suo futuro sposo[3].

La sera a Compieta, sotto il cielo sahariano, volli rileggere il testo di Matteo sul concepimento di Gesù in Maria.

Avevo acceso una candela perché era buio e la notte era senza luna.

Lessi: « Maria, sua madre, era fidanzata a Giuseppe. Ora prima che andassero ad abitare insieme si trovò incinta per opera dello Spirito Santo. Giuseppe suo sposo, che era giusto, e non voleva ripudiarla, decise di licenziarla in segreto » (Mt 1,19).

Insomma Giuseppe non era stato il denunciatore e Gioacchino, padre di Maria, non aveva assunto il ruolo del Komeini di turno ammazzando Maria come avrebbe voluto la legge. « Mosè ci disse che questo tipo di donne siano uccise » (cfr. Dt 22,24).

Ricordo come fosse ora. Sentii Maria vicina vici-

[2] Religioso-uomo di Dio secondo la terminologia islamica.

[3] La nostra sorpresa su questi fatti riguardanti l'uccisione di adulteri è dovuta alla nostra ignoranza sulla storia. Nel passato la difesa della castità matrimoniale da parte della società era terribile. Lo stesso Mosè aveva stabilito: « Questo tipo di donne siano uccise » (cfr. Dt 22,24; Gv 8,5). Komeini in Iran ci stupisce ora con la sua politica socio-religiosa quando fa fucilare le adultere. In fondo lui non fa che tornare all'indietro quando la legge stessa puniva in quella maniera l'adulterio. L'islam, che non ha avuto Gesù che ha corretto le leggi con la misericordia, è sempre tentato da questi ritorni all'integrità primitiva della legge.

na seduta sulla sabbia, piccola, debole, indifesa, col suo ventre grosso, con la sua impossibilità a piegarsi, silenziosa.

Spensi la candela.

Nella notte buia non vedevo le stelle.

Vedevo attorno a noi tanti occhi che brillavano come gli occhi degli sciacalli quando attentano agli agnellini.

Erano gli occhi di tutti gli abitanti di Nazaret che spiavano quella ragazza madre e le chiedevano con tutta la potenza dell'incredulità di cui sono capaci gli uomini, e più ancora le donne: «Come hai fatto ad avere quel figlio, sciagurata, scostumata!».

«Che notte! Che so rispondere? Che è Dio il padre di questo piccolo? Chi mi crede? Sto zitta. Dio sa. Dio provvede...».

Povera, dolce Maria, piccola ragazza madre. Incominci male la tua carriera!

Come fai ad affrontare tanti nemici?

Chi ti crederà?

Quella sera sentii per la prima volta che mi stavo avvicinando al mistero di Maria.

Per la prima volta non la vedevo sull'altare come una statua immobile di cera, addobbata con abiti da regina, ma la sorella, vicino a me, seduta sulla sabbia del mondo, con i sandali logori come i miei e con tanta stanchezza nelle vene.

Allora capii perché sua cugina Elisabetta, che Maria era andata a trovare dopo quei fatti (si esce sempre volentieri dal proprio ambiente quando si è col ventre grosso e gli occhi dei vicini ti guardano in una certa maniera puritana), avesse potuto dire al termine del racconto che Maria le aveva fatto:

« Beata te che hai creduto ».
Sì, veramente beata!
Maria, ci vuole coraggio a credere a queste cose!
È difficile per noi credere a quello che dici testimoniandoci che quel figlio non è frutto di un'avventura notturna che non vuoi spiegare.
Ma è difficile soprattutto per te!
« Beata te che hai creduto » (Lc 1,45).
È il massimo che si può dire ad una ragazza semplice, umile, povera, che ha avuto la ventura di parlare con gli angeli, lei che è un nulla, e che si è sentita dire che dovrà avere un figlio che sarà il Santo e il figlio dell'Altissimo, sì, proprio lei, l'ultimo e il più piccolo « resto » d'Israele.
« Beata te che hai creduto, Maria » (Lc 1,45).

Quella sera sulla sabbia, vicino alla *gueltà* di Issakarassem avevo deciso di scegliere Maria come maestra nella fede.
Avevo trovato un contatto vitale con lei. Non era più un personaggio a cui dovevo « culto », era la sorella del mio cuore, la compagna di viaggio, la maestra della mia fede.
Sì, proprio della fede.
E mi spiego. Dovete sapere, fratelli, che la marcia della fede l'ho fatta tutta e... a piedi.
La mia fortuna è stata quella di non aver tremato nell'oscurità e di non aver mollato il passo anche quando non ne potevo più.
Mi hanno aiutato gli anni trascorsi nel deserto anche se fu proprio là che conobbi la « notte », quella descritta da san Giovanni della Croce.
Ora mi sento fratello di tutti quelli che si dicono atei (e sono pochi) e più ancora di quelli (e sono mol-

ti) che hanno difficoltà a credere e non conoscono ancora i veri termini del problema.

Quando sarò morto — e spero presto perché ho conosciuto il Signore e bramo vedere il suo volto — se venite sulla mia tomba e se pensate possibile la comunicazione tra i membri del regno, non chiedetemi di pregare per voi onde guarire da questo o quel male. Chiedetemi solo che preghi per la vostra fede.

E l'unico dono per cui merita pregare.

Ebbene, se potrò farlo, lo farò: guarderò gli occhi di Maria di Nazaret in silenzio e cercherò di attingere dalla contemplazione di lei, che ebbe tanto coraggio nel credere, ciò di cui avete bisogno.

Fratelli e sorelle, vi ho aperto il mio cuore, vi ho detto tutto.

Ora, se mi ascoltate, mettete in tasca il rosario. Può darsi che passeranno anni, prima che lo recitiate per benino. Non importa, tenetelo vicino.

Vi aiuterà. Semmai, quando vi passa sotto le dita, dite solo: Ave Maria.

Ave Maria

Dopo quel fatto della ragazza-madre uccisa nell'accampamento tuareg perché colta in adulterio, i miei rapporti con Maria di Nazaret divennero molto più intimi.

Fu come se improvvisamente mi diventasse sorella. Non ero stato abituato a vederla così vicina, così umana, così fragile. Il culto aveva sviluppato, sì, un certo tipo di rapporto soprannaturale, ma aveva soffocato la sua voce di donna, di creatura, di sorella, di maestra che accanto a me poteva ancora dirmi qualcosa.

Sì, lo devo confessare con umiltà: quando riuscii ad accostare quella tragedia, consumata nel silenzio di una sperduta vallata dell'Hoggar, al vangelo di Luca, compresi in pieno il coraggio di Maria nell'accettare la richiesta dell'angelo e il disegno di Dio su di lei.

Doveva accettare il ruolo di ragazza madre.

Chi avrebbe creduto a lei? Chi avrebbe accettato il discorso di una ragazzetta che in casa viene a dirmi: « Sai... questo bimbo che ho nel ventre è il figlio dell'Altissimo! »?

A casa mia avrebbe per lo meno ricevuto uno schiaffo da mio padre, ed eravamo in Piemonte; a casa di qualche famiglia più verso il Sud si sarebbe sentita dire: « Vattene e non vogliamo più vederti perché hai disonorato la famiglia ».

In qualche casa araba o scita o ebrea dei tempi passati... sarebbe corso il sangue.

Maria, nella fede, ebbe il coraggio di confidare nel Dio dell'impossibile e di lasciare a lui la soluzione dei suoi problemi: la sua era fede pura.

Fu una scoperta dolcissima la mia, fatta in un ambiente stupendo come il deserto e... quel deserto!

Non dimentichiamolo: la Bibbia fu scritta proprio in quel terreno tra il deserto e la steppa dove vivono le carovane, brucano gli asini e le pecore, e gli uomini sanno interrogare il cielo perché è l'unica speranza di vita.

E anch'io ero là. Quando la sera preparavo l'accampamento sul bordo della pista e accendevo il fuoco per far cuocere il pane e far bollire il tè, Maria mi veniva vicino. Bastava che tirassi fuori il rosario che mi ero costruito con grani di legno raccolti nell'*oued* di Issakarassem e che tenevo sempre in tasca, perché sentissi la sua presenza accanto al fuoco. Il deserto è tutta una chiesa con il cielo stellato come volta e la sabbia fine e calda come stuoia su cui sedersi a pregare.

Che dolcezza perdere la nozione del tempo e dello spazio e vivere la comunione con i santi come dolce realtà!

Sono venuto nel deserto proprio per questo. Volevo rompere la frontiera tra il visibile e l'invisibile, tra il cielo e la terra, e nella fede sovente ci sono riuscito.

Che pace andare al di là delle cose!

Vivere come se il Vangelo fosse scritto ora, vissuto ora.

Vedere il segno delle cose di Dio rompersi per mostrarti l'invisibile sua presenza, la sua realtà divina.

Poter parlare con i santi.

Fare esperienza della presenza eucaristica sotto la tenda trasformata in tabernacolo.

Una sera tentai il discorso con Maria.

Mi era così facile!

Le volevo così bene!

« Maria, dimmi com'è andata? Raccontalo a me come l'hai raccontato a Luca l'evangelista ».

« Tu lo sai — mi disse — perché conosci il Vangelo ».

« È stato tutto molto bello! ».

« Io vivevo a Nazaret in Galilea e la mia vita era la vita di tutte le ragazze del popolo: lavoro, preghiera, povertà, molta povertà, gioia di vivere e soprattutto speranza nelle sorti di Israele.

Abitavo con Anna, mia madre, in una casetta molto semplice che aveva un cortile davanti e un gran muro di cinta fatto apposta perché noi donne ci sentissimo in libertà e intimità.

Lì sostavo sovente per lavorare e pregare. In me l'una e l'altra cosa si mescolavano ed ero piena di pace e di gioia.

Quel giorno era sola nel piccolo cortile e una gran luce mi avvolgeva.

Pregavo, seduta su uno sgabello. Tenevo gli occhi socchiusi e sentivo una gioia invadermi tutta.

La luce aumentava e io cominciai a socchiudere le palpebre che avevo chiuso per non restare abbacinata.

Ero contenta di lasciarmi riempire di quella luce. Mi pareva il segno della presenza di Dio che mi avvolgeva come un manto. Ad un tratto quella luce prese l'aspetto di un angelo. Ho sempre pensato gli angeli così come lo vidi in quel momento.

Tu sai com'è la questione della fede. Non sai mai se la visione è dentro o fuori.

È certamente dentro, perché se fosse solo fuori potresti dubitare come fosse un'illusione.

Ma dentro l'illusione non c'è, è così, sai che è così: ne è testimone Dio.

Io stavo molto ferma per paura che tutto scomparisse.

E invece l'angelo parlò. Anche qui: non sai mai se la voce la senti nell'orecchio o più in profondo. Certamente in profondo perché se fosse solo nell'orecchio potresti illuderti.

La voce la senti là dove lo stesso Dio è il testimone».

«E che ti disse?».

«Mi disse: "Ave Maria, piena di grazia, il Signore è con te"».

«E tu che provasti?».

«È evidente che ne fui turbata. Era come se fossi visitata da cose troppo grandi per me e per la mia dimensione così piccola.

Tu puoi pensare alle cose di Dio con immenso desiderio, ma quando ti toccano non puoi non spaventarti. Difatti mi disse subito: "Non temere, Maria" (Lc 1,30).

Mi feci coraggio perché la stessa frase l'avevo sentita alla Sinagoga quando si leggeva la storia di Abramo. "Non temere, Abramo. Io sono il tuo scudo" (Gn 15,1).

Poi l'angelo mi diede l'annuncio della maternità con poche parole ma così chiare che avevo l'impressione mi stessero nascendo dentro. Non mi era mai capitato di sentire parole come fossero avvenimenti».

«Dimmi, Maria, sei stata colta di sorpresa? Non avevi mai pensato prima che tu... proprio tu...».

«Oh sì! Ci avevo pensato. Noi ragazze ebree non pensavamo ad altro. Sentivamo che i tempi erano quelli e quando pregavamo nella Sinagoga l'aria era satura di attesa del Messia».

«Che hai capito quando l'angelo ti disse che eri tu la scelta e che il Messia sarebbe nato da te?».

«Capii esattamente cosa voleva dirmi e rimasi soltanto stupita della straordinarietà della cosa. Com'era possibile, se io ero vergine? L'angelo mi spiegò le cose e mi fu facile accettarle perché mi sentivo immersa in Dio come in quella luce vivissima del mezzogiorno.

Confusamente capii anche che pasticci ce ne sarebbero stati, che non sarei riuscita a spiegarmi con mia madre, specialmente col mio fidanzato Giuseppe, ma non avrei potuto fermarmi tanta era forte la presa di Dio su di me e tanta era la certezza che mi veniva dalle parole dell'angelo: "Nulla è impossibile a Dio, nulla è impossibile a Dio, nulla è impossibile a Dio" (Lc 1,37).

Adagio, adagio la luce diminuì e non vidi più l'angelo.

Vidi mia madre Anna attraversare il cortile e mi venne voglia di parlarle, ma non ne fui capace perché non trovai le parole adatte.

Capii subito che non c'erano parole con cui potevo spiegare le cose.

Così nei giorni che seguirono, anzi, più andavo avanti e più diventavo silenziosa.

Fu più difficile il discorso con Giuseppe, mio fidanzato.

Tu sai come avvenivano le cose nelle nostre tribù. La sposa veniva promessa molto presto. Era come un patto tra famiglie.

Ma essendo così giovane, la futura sposa continuava a vivere in famiglia in attesa della maturità.

Allora con grande festa, di notte, si compiva lo sposalizio e lo sposo accompagnato dai suoi amici veniva con tante luci e canti e gioia a prendere la sua sposa e a condurla a casa. Da quel momento si era veramente sposati.

Quando l'angelo mi apparve per annunciarmi la maternità, io ero ancora in casa. Ero stata promessa a Giuseppe ma non ero ancora andata ad abitare con lui.

Bastarono pochi mesi perché tutto divenisse complicato agli occhi degli uomini. Io non potevo nascondere la mia maternità e il mio ventre mi denunciava. Capii allora cos'era la fede oscura, dolorosa.

Come potevo spiegarmi con mia madre?

Come potevo discutere col mio fidanzato Giuseppe?

Vissi tempi veramente dolorosi e l'unico conforto mi veniva nel ripetere: "Tutto è possibile a Dio, tutto è possibile a Dio".

Toccava a lui spiegarsi e io avevo tanta confidenza. Ma ciò non toglieva la mia sofferenza che in certi momenti mi straziava l'anima.

Come potevo trovare le parole per dire che quel bimbo che portavo in seno era il figlio dell'Altissimo?

Intanto non osavo più uscire di casa e una volta vidi una vicina guardarmi da sopra il muro del cortile con evidente attenzione puritana.

Ci furono momenti terribili e io tremai al pensiero di essere denunziata come adultera.

Ci voleva così poco. Bastava che Giuseppe andasse alla Sinagoga a spiegare la cosa e non gli sarebbero mancati gli zelanti che l'avrebbero seguito con le pietre per lapidarmi. Non era la prima volta che a Nazaret veniva uccisa un'adultera.

Ma è vero: "Dio può tutto". E si spiegò lui.

Si spiegò con Giuseppe per primo che mi disse di avere avuto un sogno veramente straordinario e che non aveva perduto la confidenza in me e che mi avrebbe sposata lo stesso.

Che gioia quando me lo disse!

Ma che paura avevo provato! Che oscurità!

Sì, il fatto mi aveva spiegato che la fede è di quella natura e che dobbiano abituarci a vivere nell'oscurità.

Ci fu anche un fatto straordinario che alleviò le mie pene in quei mesi.

Tu sai che l'angelo mi aveva dato un segno per aiutare la mia debolezza. Mi aveva detto che mia cugina Elisabetta era al sesto mese di una maternità straordinaria perché tutti noi della famiglia sapevamo che era sterile.

Dovevo andare a trovarla in Giudea ad Ain-Karim dove abitava.

Non mi feci pregare a partire.

L'idea venne a mia madre perché era preoccupata che la gente del paese mi vedesse con quel ventre grosso e non voleva dicerie.

Partii di notte, ma così contenta di allontanarmi da Nazaret, dove c'erano troppi occhi indiscreti e non potevo raccontare a tutti le mie faccende.

Trovai mia cugina già vicina al parto e così felice, poverina! Aveva aspettato tanto un figlio!

Il Signore si era spiegato anche con lei perché quando giunsi fu come se sapesse tutto!

Si mise a cantare per la gioia e io cantavo con lei. Sembravamo due pazze, ma pazze di amore.

E c'era un terzo che sembrava impazzito di gioia.

Era il piccolino, il futuro Giovanni che danzava nel ventre di Elisabetta come per fare festa a Gesù che era nel mio.

Furono giorni indimenticabili.

Ma Elisabetta, che se ne intendeva di fede e di fede oscura e che aveva tanto sofferto nella vita, mi disse una cosa che mi fece piacere e che fu come il premio a tutta la mia solitudine di quei mesi: "Beata te che hai creduto" (Lc 1,44).

E me lo ripeteva tutte le volte che mi incontrava e mi toccava il ventre, come per toccare Gesù, il nuovo Mosè che stava per venire al mondo».

Il fuoco, con cui avevo cotto il pane, si stava spegnendo. La notte era già alta e mi sentii solo.

La presenza di Maria ora era nel rosario che avevo in mano e che mi invitava a pregare.

Sentivo freddo e mi avvolsi nel *bournous* [1] che avevo con me.

L'oscurità divenne totale ma non avevo nessuna voglia di addormentarmi.

Volevo gustare la meditazione che Maria mi aveva regalata.

Soprattutto volevo entrare con dolcezza e forza nel mistero della fede, la vera, quella dolorosa, oscura, arida.

Oh no! Non è facile credere, è più facile ragionare.

Non è facile accettare il mistero che ti supera sempre e che ti allarga sempre i limiti della tua povertà!

[1] Mantello arabo di lana di pecora.

Povera Maria!

Dover credere che quel bimbo che portava in seno era figlio dell'Altissimo. Sì, è stato semplice concepirlo nella carne, estremamente più impegnativo concepirlo nella fede! Quale cammino!

Eppure non ne esiste un altro. Non c'è altra scelta.

Vuoi tu, Maria, spaventata dal credere, tornare indietro, pensare che non è vero, che è inutile tentare, che è un'illusione quella di un Dio che si fa uomo, che non c'è Messia di salvezza, che tutto è un caos, che sul mondo domina l'irrazionale, che sarà la morte a vincere sul traguardo e non la vita?

No!

Se credere è difficile, non credere è morte certa.

Se sperare contro ogni speranza è eroico, il non sperare è angoscia mortale.

Se amare ti costa il sangue, non amare è inferno.

Credo, Signore!

Credo perché voglio vivere.

Credo perché voglio salvare qualcuno che affoga: il mio popolo.

Credo perché quella del credere è l'unica risposta degna di te che sei il Trascendente, l'Infinito, il Creatore, la Salvezza, la Vita, la Luce, l'Amore, il Tutto.

Che cosa strana per non dire meravigliosa: appena ho detto con tutte le viscere la parola « credo » ho visto la notte farsi chiara.

Ora chiudo gli occhi perché è proprio lei la notte che mi abbaglia con la sua luce al di là di ogni luce.

Sì, nulla è più chiaro di questa notte oscura, nulla è più visibile dell'invisibile Dio, nulla è più vicino di questo infinitamente lontano, nulla è più piccolo di questo infinito Iddio.

Difatti è riuscito a stare nel tuo piccolo seno di donna, Maria, e tu l'hai potuto scaldare col tuo corpicino bello.

Maria!

Sorella mia!

Beata te che hai creduto, ti dico stasera con entusiasmo, come te lo disse tua cugina Elisabetta, in quel vespero caldo ad Ain-Karim.

Dio mio, figlio mio

Durante l'Avvento mi trovavo sulle dune chiare e calde di Beni Abbes, la stupenda oasi sahariana.

Avevo deciso di prepararmi al Natale in solitudine e avevo scelto come luogo il pozzo di Ouarourout dove l'acqua era abbondante e una piccola grotta naturale poteva servire da cappella.

Partii dopo la festa dell'Immacolata con un tempo bellissimo e con una gran voglia di solitudine.

Ma... il tempo non tardò a cambiare e il deserto divenne livido e freddo per la bruma alta che copriva il sole.

Anche la solitudine diventò difficile perché mi aveva scoperto Alì, figlio di Mohamed Assanì, un vero amico che pascolava le sue undici pecore nei paraggi e che era assetato di compagnia e di conversazione.

Sembrava che lo facesse apposta, ma non sapeva più trovare per le sue bestie pascoli più adatti e più ricchi di Ouarourout.

Mi girava attorno, da lontano s'intende, perché sapeva che quando ero in preghiera doveva... star lontano e non disturbarmi.

Il pozzo era comune e quindi era giustificato ad avvicinarsi quando andavo ad attingere acqua.

Naturalmente ne approfittava per invitarmi al tè

che preparava lui dopo aver preso tutto l'occorrente nella mia tenda.

Alì faceva bene il tè e amava prenderlo con me accompagnandolo con pane ch'io avevo cotto sotto la cenere.

Poi partiva al pascolo e per tutta la giornata s'accontentava di guardarmi da lontano cercando nella sabbia piccoli fossili e reperti archeologici come punte di frecce dell'età della pietra che poi regolarmente mi vendeva.

Il tempo si fece più cattivo e dovetti rinforzare le corde che tenevano la tenda, prevedendo la bufera che nel deserto è terribile.

La tempesta si scatenò ben presto. Chi è stato nel deserto sa cos'è la tempesta di sabbia.

Per dirvi ciò che può capitare basta ricordarvi che in pieno giorno dovete accendere i fari della macchina per vedere la pista, e i vetri e la vernice diventano smerigliati dalla violenza della sabbia.

L'unico mio rifugio diventò la grotta e là pensai di restare giorno e notte non volendo interrompere il ritiro.

Pensando ad Alì che non avevo più visto, mi convinsi che doveva avere capito a tempo le cose e, per non farsi sorprendere dalla tempesta, aveva certamente raggiunto l'ovile e la tenda paterna che si trovavano a una dozzina di chilometri da Ouarourout, esattamente all'incrocio della strada di Bechar.

Invece!

Me ne stavo pregando nella grotta quando lo vidi irrompere di corsa, agitato all'estremo e col suo bastone di pastore.

« Vieni, vieni fratel Carlo. Le pecore stanno morendo nella sabbia: sono perdute... aiutami ».

Corsi alla macchina e con lui ci buttammo nel deserto sconvolto dal vento e dalla sabbia che ci accecava.

Non fu facile ritrovare in quell'inferno le pecore. Erano spaventate, indebolite e vagavano qua e là tra le raffiche di sabbia e di pioggia che aveva incominciato a cadere.

Non avevo mai visto niente di simile ed esperimentai ancora una volta come nel deserto vita e morte siano così vicine di casa.

Mentre io guidavo la macchina e cercavo di non smarrirmi, Alì si precipitava sulle pecore e ad una ad una le intasava sulla macchina esauste e inebetite dalla paura.

Riuscimmo a portare le pecore nella grotta, unico rifugio possibile per sfuggire a quell'uragano che ci tagliava il respiro.

La piccola grotta fu piena di lana, di belati e di acre odore di gregge.

Non mi era difficile pensare alla grotta di Betlemme e cercavo di scaldarmi mettendomi vicino alle pecore più grosse che, bagnate come me, tremavano nella semioscurità della sera.

Tolsi l'Eucaristia dal tabernacolo e mi appesi la teca al collo sotto il *bournous*.

Naturalmente non riuscimmo ad accendere il fuoco per la cena e dovemmo accontentarci di mangiare pane e sardine in scatola.

Ma ad Alì le sardine piacevano.

Io avevo voglia di pregare e capii subito che in fondo non m'era andata male con tutto quel trambusto.

Forse avrei potuto trascorrere una notte un po' speciale.

Era vicino il Natale.

Ero in una grotta con un pastore.
Avevo freddo.
C'erano le pecore e puzza di sterco.
Non mancava proprio niente.
L'Eucaristia che avevo appesa al collo m'impegnava a pensare a Gesù presente sotto il segno del pane, così simile al segno di Betlemme, terra del pane.

Scendeva la notte. Fuori la tempesta continuava a imperversare sul deserto.
Oramai nella grotta tutto era silenzio.
Le pecore riempivano lo spazio disponibile.
Alì dormiva avvolto nel suo *bournous* con la testa appoggiata sulla spalla di una grossa pecora. Ai piedi aveva due agnellini.
Io pregavo ripetendo a memoria il vangelo di Luca: « Ora, mentre si trovavano in quel luogo, si compirono per lei i giorni del parto. Diede alla luce il suo figlio primogenito, lo avvolse in fasce e lo depose in una mangiatoia perché non c'era posto per loro nell'albergo » (Lc 2,6).
Tacqui e rimasi in attesa.
Maria diventò la mia preghiera e me la sentii vicina, vicina.
Gesù era nell'Eucaristia proprio lì, coperto dal mantello.
Tutta la mia fede, la mia speranza, il mio amore erano in un punto.
Non avevo più bisogno di meditare: bastava contemplare in silenzio. Avevo tutta la notte a disposizione e l'alba era ancora lontana.

Sognavo? Vegliavo?
Non lo so. Il tutto era una cosa sola.

Del resto che differenza c'è tra il sogno e la realtà quando il sogno riguarda la venuta di Dio sulla terra e la realtà è una grotta come quella descritta dagli evangelisti?

Credere che Dio si è fatto uomo è il più grande sogno per l'uomo. Si direbbe che il desiderio di unire la terra al cielo fu tale che il Natale diventò la realizzazione di quel desiderio.

Insomma il Natale, la venuta di Dio sulla terra, l'ho desiderata io e l'ho sognata o è un fatto straordinario come un sogno che si è avverato? Penso l'uno e l'altro, tanto è cosa straordinaria; certamente la venuta ha anticipato il sogno perché nessuno di noi sarebbe stato capace di fare un sogno così unico e bello.

Che ne dici tu, Maria, tu che sei la più interessata? Non ti pareva un sogno l'avere un figlio di quel genere?

Ti pareva cosa reale? Averlo generato nella carne era niente in confronto della fatica di generarlo nella fede.

Vedere un bimbo, il tuo bimbo, era facile, ma credere, credere mentre gli facevi fare la pipì, in un angolo, che proprio lui, il tuo bimbo, era il Figlio di Dio, non era cosa facile.

La fede era certamente oscura, dolorosa anche per te, non solo per noi tuoi fratelli su questa terra di viventi.

Io ho qui sotto il mantello appesa al collo la teca contenente l'Eucaristia. È un piccolo pezzo di pane consacrato dalla fede della Chiesa, lo porto con me, lo amo, lo adoro, ma...

...non è facile credere!

Non è così, Maria?

Non è così anche per te?

Non c'è fatica più grande sulla terra della fatica di credere, sperare, amare: tu lo sai.

Aveva ragione la tua cugina Elisabetta a dirti: «Beata te che hai creduto!».

Sì, Maria, beata te che hai creduto.

Beata te che mi aiuti a credere, beata te che hai avuto la forza di accettare tutto il mistero della Natività e di avere avuto il coraggio di prestare il tuo corpo a un simile avvenimento che non ha limiti nella sua grandiosità e nella sua inverosimile piccolezza.

Nell'incarnazione gli estremi si sono toccati e l'infinitamente lontano si è fatto l'infinitamente vicino, e l'infinitamente potente si è fatto l'infinitamente povero.

Maria, capisci cosa hai fatto?

Sei riuscita a star ferma sotto il peso di un mistero senza confini.

Sei riuscita a non tremare davanti alla luce dell'Eterno che cercava il tuo ventre come casa per riscaldarsi.

Sei riuscita a non morire di paura davanti al ghigno di Satana che ti diceva che era cosa impossibile che la trascendenza di Dio potesse incarnarsi nella sporcizia dell'umanità.

Che coraggio, Maria!

Solo la tua umiltà poteva aiutarti a sopportare simile urto di luce e di tenebra.

Fino a ieri ero abituato a dire: «Padre nostro, che sei nei cieli». Intendiamoci bene: non è così facile neanche questo.

Credere che Dio creatore, potenza infinita, sia padre e un padre d'amore è già il frutto di un lungo cammino nella fede.

Nel passato sotto i colpi di tuono e tra il fuoco dei lampi era più facile pensare a un Dio « padrino », cioè a un Dio che t'incuteva paura.

Non per nulla la preoccupazione dell'inferno e delle pene eterne ha perseguitato le notti di noi peccatori.

È quasi naturale aver paura di un Dio creatore.

Un Dio incomunicabile, giustiziere, unico.

Davanti a lui così potente non rimane altra cosa che buttarsi a terra in ginocchio.

L'unicità e la trascendenza di Dio sono la prima fonte del terrore. A leggere l'Antico Testamento ne senti l'eco profonda e avverti il cammino che il popolo di Dio fa nel suo lungo esodo dalla schiavitù alla Terra Promessa. C'è qua e là la voce del profeta che annuncia già l'amore: « Può una madre dimenticare il figlio? Può una donna abbandonare il frutto del suo seno? E se anche questa lo dimenticasse, io non mi dimenticherò di voi » (Is 49,15).

Ma c'è anche quella del legislatore che dice: « Dio non lascia senza punizione e castigo la colpa dei padri nei figli, e nei figli dei figli fino alla terza e alla quarta generazione » (Es 34,7).

Leggete il Levitico, i Numeri e soprattutto il Deuteronomio e vi convincerete se non è vero che il « timore di Dio è l'inizio della sapienza ».

Ma stanotte sono qui e non penso più né al Levitico, né al Deuteronomio.

Sono qui in una stalla accanto a Maria e mi immergo nel Vangelo e il Vangelo mi dice: « Maria diede alla luce il suo figlio primogenito » (Lc 2,7).

La trascendenza è divenuta incarnazione, la paura si è fatta dolcezza, l'incomunicabilità abbraccio.

Il lontano si è fatto vicino, Dio divenne figlio.

Capite quale rovesciamento si è compiuto?

Per la prima volta una donna poté dire in tutta verità: «Dio mio, figlio mio».

Ora non ho più paura. Se Dio è quel bimbo messo lì sulla paglia della grotta, Dio non mi fa più paura.

E se anch'io posso sussurrare accanto a Maria: «Dio mio, figlio mio», il paradiso è entrato a casa mia, recandomi veramente la pace.

Posso aver paura di mio padre, specie quando non lo conosco ancora, ma di mio figlio no.

Di un figlio che mi prendo in braccio, che mi struscio sulla pelle assetata di lui, un figlio che chiede a me protezione e calore, no.

Non ho paura.

Non ho paura.

Non ho più paura. La pace che è assenza di paura è ora con me.

Ora l'unica fatica che mi rimane è credere.

E credere è come generare. Nella fede continuo a generare Gesù come figlio.

Maria fece così. Certo le fu più facile generare Gesù nella carne: le bastarono nove mesi.

A generare Gesù nella fede dovette impegnare tutta la vita da Betlemme al Calvario.

Maria, credo come te che quel bimbo è Dio ed è tuo figlio e lo adoro.

Adoro la sua presenza nella teca che porto sotto il mantello, dove lui è nascosto sotto il segno fragilissimo del pane, più fragile ancora della carne.

Sento te, Maria, che di tanto in tanto ripeti, come a Betlemme: «Dio mio, figlio mio».

Ed io ti rispondo: «Dio mio, figlio mio».

È il rosario di stasera.
Come allora.
Il fiato degli animali scalda la grotta come allora.

«Rachele piange i suoi figli»
(Mt 2,18)

Come Dio volle, la tempesta di sabbia si calmò e Alì riprese la strada dei pascoli col suo bastone e le sue undici pecore. Io rimasi solo a Ouarourout a ripulire dallo sterco la grotta e a scaldarmi le ossa al sole.

La partenza del gregge mi aveva portato via il segno di Betlemme e io immaginavo Maria e Giuseppe sulla pista verso il sud con Gesù bambino in braccio.

Ma perché erano partiti così presto? Perché affrontare la pista così dura con un piccolino così tenero?

Leggevo in Matteo: « L'angelo del Signore apparve in sogno a Giuseppe e gli disse: "Alzati, prendi con te il bambino e sua madre e fuggi in Egitto e resta là finché non ti avvertirò, perché Erode sta cercando il bambino per ucciderlo" ».

« Giuseppe, destatosi, prese con sé il bambino e sua madre nella notte e fuggì in Egitto » (Mt 2,13).

Si è appena nati e già incominciano le grane. Pare impossibile come sia difficile vivere su questa povera terra!

E ora Gesù è solo sulla pista amara e stanotte forse non troverà nemmeno una grotta per ripararsi dal freddo.

E Matteo continua: « Erode, accortosi che i Magi si erano presi gioco di lui, s'infuriò e mandò ad uccidere tutti i bambini di Betlemme e del suo territorio dai due anni in giù, corrispondenti al tempo in cui era stato informato dai Magi. Allora si adempì quel che era stato detto per mezzo del profeta Geremia:

Un grido è stato udito in Rama,
un pianto e un lamento grande;
Rachele piange i suoi figli
e non vuole essere consolata,
perché non sono più» (Mt 2,16-18).

Sembra impossibile che si possa giungere a simili efferatezze.

Questo è il potere e non c'è limite alla sua prepotenza.

E gli umili, i poveri pagano!

Dunque Erode nel tentativo di ammazzare Gesù aveva organizzato uno dei tanti *pogrom* della storia.

M'immagino che notte! I soldati hanno circondato il territorio di Betlemme e hanno cominciato la carneficina nell'oscurità. Avevano gli elenchi dei neonati e fu facile buttare in aria le porte di tanti poveri.

Oh l'urlo nella notte delle povere madri!

Oh l'orrore del sangue innocente!

Perché? Perché? Perché?

E il tutto non era servito a niente perché Gesù era scappato.

La rete aveva una maglia rotta e il piccolo era fuggito come «uccello dalla rete dei cacciatori», come dice il salmo 124.

Come si fa a contenere una simile notizia?

Il deserto ha il telegrafo senza fili e le notizie si spandono con la velocità del vento.

Un cammelliere che andava anche lui verso il sud raggiunge la piccola carovana che porta Gesù e le parole che bruciano dentro si comunicano come fuoco.

« Sapete la notizia? Erode ha fatto uccidere tutti i piccoli di Betlemme. Non uno è scampato. È stata una cosa orrenda. Sono venuti di notte, hanno circondato le case ».

Maria ascolta in silenzio e stringe suo figlio al petto dove il cuore batte ad una velocità inverosimile come se dovesse spezzarsi.

Giuseppe guarda Maria con un tremito. « Te lo dicevo, io avevo paura. Non ero tranquillo là dentro. Sentivo che dovevo fuggire, lo sentivo. E poi... quel sogno! ».

Il cammelliere sprona la sua cavalcatura e i due sposi rimangono inebetiti uno accanto all'altro. Gesù, anche lui, guarda il sole in silenzio.

Dio mio, perché?

Che notte!

Pensare a Dio quando tutto va bene è facile, pensarlo in questa oscurità come è duro!

Maria, dimmi qualcosa tu.

E Maria tace.

Sente come una punta acuta entrare nel cuore.

Le tornano in mente le parole del vecchio Simeone là nel Tempio quando aveva preso in braccio Gesù per la purificazione: « Egli è qui per la rovina e la risurrezione di molti in Israele, segno di contraddizione... E anche a te una spada trafiggerà l'anima » (Lc 2,34-35).

Rivede tanti volti di bimbi conosciuti a Betlemme, figli della stessa tribù di Davide, che erano nati nello stesso periodo di suo figlio.

La punta della spada penetra giù giù nel suo cuore di mamma.

Perché questi e non lui?

Perché l'Onnipotente ha permesso lo sterminio?

Perché non li ha difesi?
Perché non ha immobilizzato con la morte il crudele Erode?
Perché?
Non c'è risposta a tanto dolore.
Maria è piegata in due sulla pista arida.
Giuseppe è come svuotato nel profondo delle viscere.
Gesù, avvolto in pochi stracci, guarda estatico il sole che tramonta tra fiamme rossastre.
L'asino bruca la punta di un etel che fiancheggia la pista.

Sì, credere a Dio non è facile, sperare nella sua presenza ordinatrice è ancora più duro, amare gli uomini quando sono assassini è sovrumano.
Cosa devo fare?
Domani verrà la nuova alba e la vita continua.
Com'è possibile recitare ancora con te, Maria, la tua esaltante preghiera del *Magnificat* ora che i miei, che i tuoi occhi sono pieni della tremenda visione del *pogrom* consumato da Erode a Betlemme?
E proprio a causa di lui, di tuo figlio!
Dire con te: « L'anima mia magnifica il Signore », com'è possibile? Dire con te: « Ha rovesciato i potenti dai troni ed ha esaltato gli umili », com'è possibile? Tu sei nella sofferenza ed Erode è là sul suo trono.
Tu hai il cuore esacerbato e i poveri sono disprezzati.
Il potere, non te, domina la storia.

Eppure...
Eppure non è così! Intanto possiamo dire che proprio lui, il potere, è stato beffato.

È forse riuscito nel suo intento di uccidere Gesù?

A che cosa è servita la sua astuzia? Il suo circondare il villaggio di notte con i soldati?

È bastata una maglia rotta e la trappola non ha funzionato.

Proprio il ricercato non c'era.

Che beffa per il potere!

Sì, è vero: «Ha disperso i superbi nei pensieri del loro cuore» (Lc 1,51).

È vero: il suo disegno andò a vuoto.

Ma gli altri?

Il sacrificio di tanti innocenti!

Intanto possiamo dire che hanno combattuto la loro battaglia, assolto la loro missione.

Questo è ciò che conta. Attirando su di sé i colpi, hanno evitato che colpissero il Cristo in fuga, richiamando sui loro fragili corpi l'attenzione dei soldati hanno dato il tempo al Messia di allontanarsi dalla carneficina, distraendo gli strateghi della morte col tempo impiegato a ucciderli hanno dato a Gesù la salvezza.

Era necessario che Gesù non morisse quella notte. Per loro fu necessario pagare per lui.

L'ora della morte non ha importanza. Ciò che ha importanza è compiere la nostra missione.

Gesù compirà la sua missione più tardi sul Calvario; i piccoli innocenti l'hanno compiuta quella notte stessa.

I potenti non hanno fatto deviare la storia della salvezza, hanno solo tentato di farlo e i loro «pensieri sono stati dispersi» (Lc 1,51).

Sì, Maria, di' anche stasera il tuo *Magnificat* sulla pista amara, dillo in pienezza, dillo perché anche stasera sei coinvolta nel grandioso disegno di Dio e nessuno può toccarti, se Dio non vuole.

Dillo!

Dillo perché nessuno può toccare il tuo Gesù, anche se così piccolo e così debole.

Dillo perché la storia è in mano a Dio e non agli uomini.

Dillo perché i faraoni ad uno ad uno sono vinti e i poveri sono liberati.

Dillo!

E anch'io voglio dirlo con te.

E sono certo che mentre tu lo dici, come angeli ad uno ad uno i piccoli martiri vengono attorno a te già trasfigurati nel regno di luce per cui hanno combattuto, testimoniando con la morte più che con la parola l'arrivo del Salvatore.

Come vorrei, Maria, essere uno di loro!

«L'anima mia magnifica il Signore e il mio spirito esulta in Dio, mio salvatore, perché ha guardato l'umiltà della sua serva. D'ora in poi tutte le generazioni mi chiameranno beata.

Grandi cose ha fatto in me l'Onnipotente e Santo è il suo nome: di generazione in generazione la sua misericordia si stende su quelli che lo temono.

Ha spiegato la potenza del suo braccio, ha disperso i superbi nei pensieri del loro cuore; ha rovesciato i potenti dai troni, ha innalzato gli umili; ha ricolmato di beni gli affamati, ha rimandato i ricchi a mani vuote.

Ha soccorso Israele, suo servo, ricordandosi della sua misericordia, come aveva promesso ai nostri padri, ad Abramo e alla sua discendenza, per sempre» (Lc 1,46-55).

La pista dell'Egitto è ancora lunga. Coraggio, Giuseppe, partiamo. Dio provvede.

Nazaret

« L'Egitto fu il nostro rifugio per parecchi anni. È veramente il luogo dove ci si nasconde bene con tutte quelle canne sul Nilo e con quelle acque che non erano riuscite ad ingoiare il primo Mosè.

Non fummo ingoiati nemmeno noi, anche se stranieri, poveri e indifesi.

Dio provvedeva ogni giorno alla nostra debolezza.

C'era da soffrire, così lontani da casa, così soli, ma era necessario perché si compisse il disegno di Dio.

Difatti Dio avrebbe chiamato dall'Egitto suo figlio come il nuovo Mosè: "Io dall'Egitto ho chiamato mio figlio" (Os 11,1).

Quando fu l'ora partimmo verso il Nord.

Intanto Gesù era cresciuto, si era irrobustito. Ed Erode era morto.

Il viaggio fu lungo, ma non difficile.

Eravamo così rallegrati dalla presenza di Gesù che guardava sovente verso Gerusalemme, con un interesse particolare.

Giuseppe pensò essere cosa buona non stare troppo vicino a quella città, anche se Erode era morto. Non potevamo dimenticare ciò che era capitato qualche anno prima.

Gerusalemme è la più insidiosa delle capitali e i poteri sono due: quello politico e quello religioso.

Le cose non erano chiare e noi preferimmo stare alla larga.

Ci stabilimmo a Nazaret in Galilea, dove la libertà era più grande e dove, io, Maria, avevo vissuto da ragazza.

Giuseppe avrebbe preferito Betlemme, terra della sua tribù, ma non ebbe difficoltà ad organizzarsi a Nazaret tanto più che era un buon artigiano.

Mise su bottega e conoscemmo anni felici.

"Gesù cresceva in età e in grazia" (Lc 2,32). Era molto bello e aiutava Giuseppe in bottega.

Io lo guardavo come si guarda il mistero.

Non sono mai riuscita a guardarlo come mio semplice figlio.

Non ci riuscivo e questo non poteva non farmi soffrire.

Poco alla volta ho capito che era la mia missione, che non c'era altra via: ma soffrivo.

Il mistero di quella nascita mi superava sempre, il pensiero che Gesù era Figlio di Dio mi obbligava ad uscire da me stessa e ad entrare nella fede.

Ciò era sempre doloroso.

Era come se non avessi mai potuto afferrare fino in fondo il segreto di mio figlio.

L'avevo generato nella carne una volta per tutte, ma lo dovevo generare nella fede continuamente, senza soste, fino alla fine.

Capitò poi un episodio che marcò molto la mia vita e a cui dovetti far sovente riferimento per capire le cose.

Ogni anno andavamo in pellegrinaggio a Gerusalemme in occasione della festa di Pasqua e, avendo lui compiuto i dodici anni, lo portammo con noi.

Che trambusto era il pellegrinaggio! Ma che gioia, che vita!

Sembrava che la primavera invadesse tutto; i ragazzi erano scatenati.

A Gerusalemme capitò qualche cosa di veramente nuovo nei rapporti che io avevo con Gesù.

Mentre riprendevamo la via del ritorno, "Gesù rimase a Gerusalemme senza che noi ci accorgessimo. Credendolo nella carovana facemmo una giornata di viaggio, ma poi..." (cfr. Lc 2,43).

Fu una sorpresa non piacevole. Per la prima volta avevamo perso i contatti con lui.

Tornammo immediatamente in cerca di lui a Gerusalemme, angosciati e spaventati.

Cosa poteva essere capitato?

Non avevo nessun dubbio: era lui che aveva scelto la fuga.

Non riuscivo a connettere, e Giuseppe era spaventato come me.

Era come se improvvisamente il mistero di lui e del suo essere si fosse infittito e che gli era necessario prendere da noi le distanze.

Io risentii la spada annunciata da Simeone penetrarmi dentro il cuore.

Lo cercammo con angoscia, come avrebbe fatto ogni padre e ogni madre, in Gerusalemme, ma io capivo che c'era qualcosa d'altro.

Era impossibile che Gesù potesse comportarsi come un ragazzo qualsiasi. Se aveva fatto così era per dirci qualcosa di nuovo. La sua fuga era legata al cammino di fede che facevamo insieme.

Era giunto il tempo che dovevamo esperimentare che la nostra maternità e paternità erano molto relative rispetto alla sua libertà.

Gesù stava prendendo coscienza di essere "il figlio di Dio" (Mt 4,3) prima che nostro figlio.

Difatti, trovandolo nel Tempio, ci disse chiaramente: "Non sapevate ch'io devo occuparmi delle cose del Padre mio?" (Lc 2,49).

Era la verità, ma una verità che aveva la capacità di affondare più giù la spada nel cuore.

La mia sofferenza era il suo isolarsi, il vedere chiaramente che lui cercava il suo spazio e ciò era contrario alla mia natura di madre.

Dovevo lasciarlo libero e ciò mi costava.

Mai dubitai che quell'assenza di tre giorni da me fu l'anticipo dei tremendi tre giorni di assenza nella sua morte.

Voleva essere libero con me per essere con tutti.

Voleva essere libero da me per morire per tutti».

«Tornando a Nazaret alla vita consueta capii che molte cose erano cambiate e che incominciava un periodo nuovo per me.

La fede si faceva più purificata e la trasparenza di lui più grande.

La mia tentazione ad essere una mamma possessiva aveva ricevuto un tremendo colpo.

"Non sapete... che io devo occuparmi delle cose del Padre mio?" (Lc 2,49).

Questo ritornello non riuscivo più a togliermelo dalle orecchie.

No... io non sapevo... ed è per questo che non capivo.

Difatti il vangelo di Luca dice di me e di Giuseppe: "...Non compresero le sue parole" (Lc 2,50).

Non è facile comprendere l'infinita trasparenza a cui Dio ci invita nei nostri sentimenti fondamentali.

È un cammino... e il cammino è fatto per imparare... e sul cammino ci si stanca... ci si vorrebbe fermare!

Io, giovane madre, ero portata a pensare che quel figlio era mio, solo mio... ed invece?

Dovevo giungere ad accettare che quel figlio era di tutti, di tutti... di tutti!

Tornando a Nazaret dopo il pellegrinaggio, nel viaggio di ritorno non riuscivo più a togliermi dalla testa l'episodio di Abramo sul monte Moriah quando venne invitato da Dio a sacrificare suo figlio Isacco.

Ma sacrificare un figlio non è facile, specie se è l'unigenito come era per me Gesù! ».

« Un'altra cosa che mi insegnò il tempo passato a Nazaret alla scuola di Gesù fu la divinità delle cose comuni.

Se Dio era con me, nella mia casa, nelle mie cose, tutto era divino. Cielo e terra erano fusi senza soluzione di continuità.

Dov'era l'entrata del regno, se Gesù era già con me?

Io ero già nel regno: dovevo solo prenderne coscienza.

Difatti lui sovente ripeteva: "Il regno di Dio è tra di voi" (Lc 17,21).

La cosa è molto importante per dare alle cose della terra il loro giusto valore.

Quante volte noi sulla terra siamo tentati di considerare il lavoro, il pane, l'impegno come delle cose vuote di Dio, laiche, indifferenti.

Ma non è così. Se Gesù è presente nel tuo lavoro, il tuo lavoro è sacro. Se Dio vive nel tuo impegno, il tuo impegno è preghiera, se nella tua casa c'è Gesù, la tua casa è vera chiesa.

Sì, è una delle cose più importanti che devi capire: la frontiera dell'Invisibile è nella fede, non della realtà.

Dopo l'Incarnazione la realtà è divenuta divina perché Gesù è entrato in essa e tu, toccando la realtà, tocchi il divino.

Se il Verbo si è fatto carne, tutta la carne si è fatta Verbo.

Tutto l'universo è diventato Parola di Dio.

Il visibile dell'universo è il segno della Parola, e l'invisibile di esso ne è lo Spirito.

No, gli uomini non sfuggiranno a questa infinita sollecitazione del reale oramai investito e abitato da Dio.

Non è possibile.

Puoi comprendere, adesso, l'importanza della fede, della speranza, della carità che ti portano al di là della frontiera del visibile.

Nella fede tu parli con Dio, nella speranza tu ascolti Dio, nella carità tu sperimenti Dio.

Capisci?

E il reale è l'ambiente di Dio.

Nazaret per me era l'ambiente di Dio perché era il mio reale».

E non dovevo impadronirmene.

È una delle tentazioni più sottili quella d'impadronirsi di qualcosa.

E, impadronendotene, togli alle cose la loro trasparenza, la loro libertà, la loro identità.

Impadronendoti della creazione, tu strumentalizzi la creazione e ne diventi schiavo.

Ogni cosa ha la sua vocazione, e la libertà è la voce di ogni vocazione.

Io avevo mio figlio Gesù, ma mio figlio Gesù era perfettamente libero e il nostro amore doveva maturare nella libertà reciproca.

Quanto è difficile vivere l'amore senza cadere nel possesso che è schiavitù!

E noi siamo chiamati a libertà.

Nazaret per noi era scuola di libertà e Gesù era la libertà.

Era questo che ci insegnava e viveva: libertà dal denaro, libertà dagli idoli, libertà dall'opinione pubblica, libertà dalla paura, libertà da tutto.

Dovevamo "possedere come se non possedessimo, piangere come se non piangessimo, ridere come se non ridessimo" (cfr. 1Cor 7,30ss).

Sentivamo tra quelle mura che "tutto era nostro ma noi eravamo di Gesù e Gesù era di Dio"» (cfr. 1Cor 3,23).

«E intanto si camminava e lui mi aiutava con la sua presenza e il suo amore.

La confidenza reciproca era alla base dei nostri incontri.

Però mi superava sempre e io mi sentivo sempre più piccola davanti a lui che cresceva.

Mi stupiva sempre il suo silenzio e dovevo nutrire la mia speranza di attesa.

Non riuscivo a capire quando avrebbe incominciato la sua vera missione e ogni giorno era buono per aumentare la mia sete.

Quando mi recitava brani della Scrittura a memoria mi faceva tremare e mi esaltava.

Amava molto Isaia e direi che i suoi canti preferiti erano quelli del Servo di Jahvé.

Io capivo che si immedesimava ad essi, direi che

prendeva coscienza a poco alla volta di essere il Servo di Jahvé.

Allora acquistava una dolcezza tutta sua e metteva insieme frasi che più tardi riconobbi nel suo discorso sulle beatitudini.

Beati i poveri.

Beati quelli che piangono.

Beati i perseguitati.

Nazaret fu davvero per me il tempo più bello della mia vita di mamma e del mio stare con lui.

Mi era toccato di stare con lui quand'era piccolo ed ero tanto felice; ora mi toccava di stare con lui nella sua vita di adulto.

Io non desideravo nulla, se non quello di stare sempre vicino a lui.

Non sapevo nulla ma era lui stesso che diventava la mia sapienza.

Non sentivo nemmeno il bisogno di andare alla Sinagoga perché la sua parola mi bastava.

A ricordare quel tempo mi sento esaltata.

Mi pareva di pregare sempre, meglio: di essere sempre in preghiera.

Del resto che cos'è la preghiera se non lo "stare con Dio"? E io restavo con Dio ventiquattro ore su ventiquattro, sempre.

Anche lui viveva così, lo si vedeva.

Bastava guardarlo. Era l'unità perfetta fra ciò che pensava e ciò che faceva.

Era sempre con se stesso e ubbidiva nello stesso tempo ad una realtà che abitava in lui nel profondo.

Era abitato.

"Tu in me e io in te", sussurrava sovente, onde "siamo consumati nell'unità" (cfr. Gv 17,21-23).

E io sapevo che parlava del Padre».

Fate quello che vi dirà

«Quando gli chiedevamo se era giunta l'ora taceva. Si sarebbe detto che lui stesso non poteva far altro che attendere.

Quella frase riferita da Marco (13,32) che il giorno e l'ora nessuno "li conosce, neanche gli angeli del cielo e neppure il Figlio, ma solo il Padre", sovente l'ho sentita dire da lui.

Viveva di attesa come noi tutti. Non si attribuiva nulla, ma tutto attendeva dal Padre.

Era l'unica cosa che contava: il Padre.

Però sentivamo che le cose maturavano.

Si era fatto i primi amici a Cafarnao dove scendeva di tanto in tanto. A Nazaret era isolato e io capivo benissimo che, quando avrebbe messo le ali, avrebbe scelto Cafarnao come luogo di approdo.

Un giorno mi disse che mi avrebbe fatto conoscere i suoi primi compagni. Attendeva l'occasione e questa venne quasi spontaneamente.

A Cana di Galilea ci doveva essere un matrimonio a cui io ero invitata ed era invitato anche lui. L'occasione gli parve buona per un primo incontro. Scese a Cafarnao e radunò tutti i suoi amici. Cana era sulla stessa strada e là ci trovammo in occasione delle nozze. Mi stupii del numero di quanti Gesù aveva portati con sé.

C'era da sfondare la cantina.

Si fece buon viso a cattiva sorte: mi parve che un codazzo di quel genere era cosa esagerata per una famigliola così piccola che ci aveva fatto l'invito.

Il chiasso era enorme e non si capiva bene che razza di discorsi si facessero.

La faccenda delle nozze era solo una scusa; i compagni di Gesù erano tutti impegnati nei loro discorsi sul Messia e sul regno.

Sembrava un clima di esaltati e il vino aiutava e aumentava l'eccitazione.

Si sarebbe detto che avrebbero dato l'assalto al Tempio: gli occhi dei più vicini a Gesù luccicavano.

Gesù era oramai il capo.

Naturalmente con tutti quegli invitati beoni e festaioli la prima cosa che venne a mancare fu il vino.

Io notai subito una preoccupazione negli sposi che continuavano a sorridere, ma che interrogavano con una certa ansia il maestro di tavola che era un nostro parente.

Difatti non c'era più vino. Io per la prima volta in vita mia mi sentii come invasa dalla stessa esaltazione dei discepoli. Cielo e terra si stavano incontrando in quel piccolo cortile di Cana dove si svolgevano le nozze di amici.

No, il vino non sarebbe mancato perché tra noi c'era uno che ci avrebbe dato il vino del regno.

Tutto era possibile con lui.

Le grida, i canti, la gioia erano alle stelle.

Mi avvicinai a Gesù col cuore che batteva forte e gli dissi afferrandolo per il braccio: "Non hanno più vino" (Gv 2,3).

Gesù mi guardò con una certa durezza e mi parve di cogliere in lui un istante di esitazione.

Ma io ero esaltata e non tenni conto né dello sguardo, né delle parole un po' dure che mi disse. Volevo come forzargli la mano.

Ero così entusiasta che ero certa di quello che dicevo.

La mia testa era un fuoco.

Ai servi dissi loro con sicurezza: "Fate ciò che vi dirà" (Gv 2,5).

Poi cercai il nascondimento in mezzo alla gente dove nessuno mi notava e incominciai a pregare con forza: "Tutto è possibile a Dio".

Era sempre questa la frase che mi tornava da quando l'angelo del Signore mi aveva parlato di Gesù che doveva venire.

Sì, "tutto è possibile a Dio".

Fu una giornata memoranda e la gioia travolgeva tutti.

Sembrava che quel vino mettesse le vertigini.

Sì, tutto era possibile a Dio e quel fiume di vino che correva era il segno della gioia che dà l'incontro con Dio e l'esaltazione del suo abbraccio.

Gridavamo, danzavamo: il matrimonio dei nostri amici era diventato il segno di un altro matrimonio ben più radicale e gioioso: lo sposalizio dell'uomo con Dio.

Sì, ha avuto ragione Giovanni a mettere le nozze di Cana come il primo incontro gioioso della Chiesa con Gesù.

Fu festa perché l'incontro con Dio è festa.

Più tardi vivemmo un altro tipo di esaltazione alla Pentecoste, ma già là in quel piccolo cortile di Cana sotto le pendici del Tabor eravamo felici perché Dio era con noi.

La solitudine di Israele era finita.

La vedovanza di Israele era dimenticata».

«A Cana c'erano Pietro, Giovanni e Giacomo.

Poi c'erano Andrea, fratello di Simon Pietro, Filippo di Betsaida, Natanaele che parlava male di Nazaret ma che s'entusiasmava di ogni parola di Gesù, e tanti altri.

Dopo il fatto del vino non osavo più farmi vedere.

Avevo l'impressione, anche se ero molto contenta, di avere esagerato e che il mio compito era di stare nell'ombra.

Non volevo assolutamente intralciare Gesù con la mia presenza, così promisi a me stessa di vivere nascostamente e di tacere sempre.

Chi contava erano i Dodici e non mancavano quelli che spingevano per farsi notare da Gesù.

Non era difficile capire che tenere insieme una compagine così eterogenea era un'impresa complicata e anche se, in quel giorno, tutti davano l'impressione di "credere in Gesù" (Gv 2,11), non sarebbero mancate le giornate oscure e impegnative.

Soprattutto sarebbe stato difficile convincere tutti che quel tipo di vino, che avevano bevuto, solo Gesù poteva darlo.

Lì compresi nella gioia dove stava il vero mistero della Chiesa e dell'apostolato e la difficoltà ad accettare da parte degli uomini questo mistero.

Anche Pietro, che già cominciava a sentirsi capo della compagnia e ad avere una certa importanza, non poteva fare ciò che aveva fatto Gesù.

Gesù era l'Unico perché era Dio.

Solo lui ti poteva versare nella coppa il vino del regno.

A noi, ai servi, a tutti il compito di preparare le

giare, di riempirle di acqua e di attendere e semmai di mescere.

Ma il mistero di quel vino era Dio stesso.

Già da quel giorno capii che ci sarebbe stata nella Chiesa l'eterna tentazione di arrogarsi la possibilità di dare quel vino senza attenderlo da Gesù.

Ma sarebbe stato un vino che non avrebbe convinto nessuno.

Gli uomini possono dare il vino delle loro vigne, non il vino del regno.

La Chiesa non poteva non essere contemplativa e se avesse dimenticato quel gesto radicale di attendere tutto da Dio come la trasformazione di quel vino, sarebbe stata una grande bottega che poteva vendere parecchie cose, ma non certo il divino.

Promisi a me stessa che mi sarei sempre adoperata per ricordare a tutti la necessità di fare come se tutto dipendesse da noi, ma di attendere in preghiera come se tutto dipendesse da Dio, perché il regno è di Dio, non nostro, anche se si realizza con noi, come sembrerebbe».

«Un'altra cosa che imparai da quella giornata di Cana è la gioia.

Se tu bevi quel vino che Dio stesso ti offre, sei nella gioia.

Oh non è detto che tale gioia sia sempre facile, scevra di dolore e di lacrime, ma è gioia.

Ti può capitare di bere quel vino della volontà di Dio sotto i colpi della contraddizione e dell'amarezza, ma senti la gioia.

Dio è gioia, anche se sei crocifisso.

Dio è gioia, anche se muori.

Dio è gioia sempre.

Dio è gioia perché sa trasformare l'acqua della nostra povertà nel vino della risurrezione.

Nulla resiste a questo potere trasformante, a questa infinita capacità di rinnovare le cose, a questa perenne novità dei cieli nuovi e della terra nuova.

Per noi basta credere, sperare e amare, e il miracolo si compie sempre.

E la gioia nostra è la riconoscente risposta.

Sì, il discepolo di Gesù deve vivere nella gioia, deve diffondere gioia, deve ubriacarsi di gioia.

E questo sarà sempre il suo vero apostolato».

«E una cosa ancora mi ricordò quel vino dato con tanta abbondanza da Gesù: l'estrema uguaglianza del popolo di Dio.

Il vino del regno era bevuto da tutti senza distinzione, rallegrava tutti e gratuitamente e a tutti era donato.

L'ultimo poteva attingere come il primo; la realtà divina era di tutti, la profezia era di tutti, la santità era di tutti, il sacerdozio era di tutti.

Ora capivo ciò che mi diceva Gesù quando mi parlava del regno e che tutti gli uomini redenti sarebbero stati "un popolo di santi, un popolo di profeti, un popolo di sacerdoti" (1Pt 2,9).

Le caste con i loro orgogli inconfessati erano finite, le esclusioni erano finite, i poveri bevevano alla stessa tavola dei ricchi.

La Chiesa, che si esilarava di quel vino, era una Chiesa universale: non c'era più "né uomo né donna, né greco né scita" (cfr. Gal 3,28).

Ognuno poteva profetare dacché lo spirito di quel vino lo invadeva.

Ognuno doveva essere santo dacché era santo chi l'aveva dissetato.

Ognuno era sacerdote dacché quel vino era dato dal sacerdote eterno».

«Quel giorno, io, Maria di Nazaret, mi sentii sacerdote dell'Altissimo e chiamata a offrire il mio Gesù come eterno sacrificio».

La vita e il dolore

« Appena Gesù cominciò la sua vita pubblica, incominciarono le contraddizioni, appena accennò a distribuire la vita s'incominciò a soffrire.

Le due cose erano legate. Non si può dare la vita senza bere alla tazza del dolore. Il parto è sempre doloroso.

L'ambiente ufficiale gli era decisamente contrario fin dall'inizio: era troppo lontano da lui, i suoi pensieri non erano i pensieri di Gesù.

Ma lasciava fare perché si sentiva sicuro di sé e trattava Gesù come un qualsiasi profeta di provincia che avrebbe avuto una carriera corta.

In fondo Gesù prediligeva argomenti che ai grandi interessavano poco: i peccatori. Voleva far capire a tutti che lui era venuto per loro e si sentiva solidale con essi, vicino ad essi.

Difatti non tardò a recarsi al Giordano dove c'era il Battista e volle farsi battezzare da lui come se fosse un pubblico peccatore, lui, Gesù, il Santo dei santi.

Giovanni non voleva e gli resistette, ma Gesù l'obbligò.

Incominciava proprio dal fondo, questo fondo fatto di povertà vera e di sconfitta continua.

I peccatori lo sentirono vicino e divennero suoi amici subito.

Gesù era meno duro di Giovanni e non parlava mai di scure ai piedi dell'albero. Non spaventava i piccoli.

Con addosso questa etichetta di amico di prostitute e di pubblicani non potevano mancare le grane, proprio in campo religioso.

Difatti...

I primi ad accorgersene furono i farisei, che erano considerati i puri, i veri, gli spirituali.

Essi non perdevano mai occasione per attaccarlo sullo stesso suo terreno.

I farisei ponevano nella legge la perfezione di Israele e non sopportavano l'atteggiamento di tolleranza e di compassione che animava Gesù: sembrava loro debolezza.

Ma Gesù non defletteva e di più in più era circondato da povera gente. Nella sua predicazione spostava l'accento dalla legge all'amore, dal castigo alla misericordia, dalla durezza alla compassione.

Che l'uomo fosse un peccatore più o meno tutti erano convinti. La novità in Gesù era che potevano essere amati.

Sì, fu un grande fatto per Israele abituato a maledire il peccatore e a volerlo sradicare dalla Città santa.

Si sarebbe detto che Gesù non perdeva la stima dell'uomo in peccato, anzi dimostrava chiaramente di amarlo e di amarlo di amore di predilezione.

La cosa scandalizzava perché Israele era troppo abituato a lodare i cultori della legge e i perfezionisti della Torah.

Avere ancora fiducia in un'adultera e porre confidenza in un pubblicano significava proprio andare contro corrente.

Memoranda fu la conversione di Zaccheo, il pubblicano. Questo ricco che aveva rubato in affari illeciti, che era stato emarginato dai cultori della morale, sentirsi stimato da Gesù, lui pubblico peccatore, sentirsi degno di stare a tavola col Santo... non stava più nella pelle!

Cosa non avrebbe fatto per Gesù che continuava a ripetere: "Sono venuto a salvare ciò che era perduto"! (Lc 19,10).

Sì, chi si sentiva perduto si stringeva a Gesù.

A vedere le folle che lo seguivano si aveva davvero l'impressione che solo i peccatori potevano capirlo. Meglio ancora: solo coloro che prendevano coscienza di essere peccatori potevano capirlo.

Essi avevano identificato nel loro peccato la vera, eterna povertà dell'uomo.

I veri poveri erano essi e avevano bisogno di Gesù per essere salvati.

La frontiera d'Israele non era più un pezzo di terra da conquistare ma la santità da vivere.

I nemici di Israele non erano più i cananei o i filistei, ma il proprio orgoglio, la propria sensualità, il proprio egoismo, la propria paura.

Tutto l'Esodo era diventato soltanto un segno di un altro Esodo veramente universale che coinvolgeva tutti gli uomini nati da donna e che aveva come Terra Promessa la libertà che Dio stesso stava predicando loro e che era la stessa libertà di figli dell'Altissimo».

«Le vere prove Gesù le ebbe a Gerusalemme.

Era quella la città che più lo interessava e più temeva.

In Galilea era come a casa sua e finché lo circondavano i poveri si sentiva a suo agio.

Ma quando camminava per le vie di Gerusalemme

e sui muretti apparivano le facce di potenti e le spie dei grandi, allora soffriva.

Tutto il resto non faceva problema: Gerusalemme faceva problema.

L'urto sarebbe avvenuto lì: era chiaro per tutti e se fosse dipeso da noi a Gerusalemme non saremmo mai tornati.

Ma lui...

È necessario... E tornava.

Tornava.

Un giorno ebbi netta la sensazione che la vera questione era politica e che il resto era verniciatura.

Chi circondava Gesù voleva la potenza.

Non voleva accettare la sconfitta.

In fondo si attendevano un Messia vittorioso: dava fastidio la sua predicazione sulle Beatitudini e sulla non violenza.

I fautori di simili visioni erano i più.

Gesù non sarebbe riuscito a spiegarsi: l'avrebbero travolto.

È triste ma è così: Israele non riusciva a scoprire il volto del suo Messia, del suo Cristo, il volto del Servo sofferente.

Ne voleva un altro.

Gesù non lo accontentava. Voleva un vincitore.

La situazione politica di servaggio dei romani giustificava il suo desiderio di liberazione.

Se Mosè aveva fatto così mettendosi in testa al popolo per liberarlo, il nuovo Mosè doveva fare altrettanto e battersi contro i romani.

Gesù taceva sulla questione politica, cercava di non scoprirsi, ma nettamente faceva capire ai suoi che ormai la liberazione era nel profondo dell'uomo.

Il grande Esodo compiuto da Mosè per liberarsi

dal faraone era solo un frasario di un esodo permanente, l'esodo da noi stessi, dalle nostre schiavitù, dal faraone che si annida in ciascuno di noi.

Gesù era ormai il Mosè di ogni uomo sulla terra, il liberatore autentico dello spirito: il tornare alle questioni politiche era un ridursi al ghetto di sempre.

La salvezza proposta da lui era universale: la liberazione dalla morte.

Israele non volle accettare un simile progetto e non riuscì a scoprire il volto del Cristo.

Quale sofferenza in Gesù e in me!

Dico in me, Maria, perché anche tra gli apostoli non si cercava di aderire al disegno di Gesù sulle Beatitudini.

Anche tra noi c'erano gli zeloti che credevano alle armi, alla potenza, al Cristo trionfante.

Fino alla fine».

Quanto erano lontani gli uomini dalla rivelazione che Gesù stava facendo sul reale, sulla vita, su Dio!

Soprattutto su Dio.

Dio era rimasto nelle loro menti come il castigamatti di turno, geloso delle sue prerogative e desideroso di vedere un mondo regolato e tranquillo come un collegio di educande.

La morale era all'apice delle loro sollecitudini e il loro zelo si esprimeva nella perfezione della Legge e nella punizione dei peccatori.

Si sarebbe detto che a un Dio non accettato, sconfitto dall'uomo disobbediente e peccatore, non rimaneva altra gioia che costruirgli un inferno per punirlo.

L'uomo meschino si forgiava un Dio meschino, incapace di novità e di salvezza.

Quanto era lontano il pensiero di Gesù dalle preoccupazioni moralistiche del Tempio!

E com'era limitata la visione umana sulle cose vere di Dio!

E Dio, in Gesù, stava rivelando la sua identità.

Sulla terra stava esplodendo il cielo!

La luce era tale da obbligare tutti a chiudere gli occhi.

Perfino Satana fu preso in giro dal fulgore di quel lampo e non si riprese più dalla sorpresa.

Quale fu la rivelazione?

Fu la rivelazione di un Dio povero, sofferente, sconfitto.

L'uomo, abituato ai tuoni del cielo e al chiasso dei castighi, si trovò di fronte a Gesù morto sulla croce.

Tra tutti i volti pensati dall'uomo in preghiera sul Messia il volto più indovinato era stato quello intraveduto da Isaia: il volto del Servo sofferente.

Era l'Amore che si vestiva di povertà e di dolore per salvare l'uomo caduto nella povertà e nel dolore.

Era l'Amore che si faceva solidale con l'amato: l'uomo, e non dubitava di scendere fino nel fondo del suo peccato per salvarlo.

« La morte è stata per Gesù l'istante supremo della più suprema povertà.

Dio aveva scelto la strada della povertà per salvare l'uomo e nessun istante di questo suo cammino era stato così saturo di povertà come l'istante della sua morte.

Dio morto era la povertà più assoluta: non si poteva andare più in là.

Raggiungendo, il Cristo, questo abisso oscuro e doloroso, aveva raggiunto tutti gli uomini che il Padre aveva predestinato ad essere figli, ma che la loro disobbedienza aveva perduti.

Entrando Gesù nel caos delle contraddizioni dell'uomo smarrito e deluso si faceva solidale con le cose perdute dando un significato di salvezza perfino al peccato.

Il fuoco dell'amore, abbracciando il « non amore », aveva avuto il potere di fonderlo. La fuga del figliol prodigo divenne positiva perché svelò gli abissi della misericordia del Padre.

L'amore aveva vinto, l'uomo era salvo.

La libertà era tornata eredità della terra ».

L'accettare la morte come atto d'amore non è facile e credo sia stato il capolavoro del Cristo nella sua fatica ad amare.

A noi, pur nella nostra infinita debolezza, tocca imitarlo.

Ma la morte, quella vera, non è quella fisica: quella semmai ne è soltanto il segno, l'orribile, visibile, sensibile rappresentazione.

La morte vera è la *separazione* da Dio e questa è intollerabile; la morte vera è la non fede, la non speranza, il non amore.

Chi la conosce, e la conosciamo tutti perché in essa siamo immersi, conosce cosa è il dolore e la tristezza.

La morte vera è il caos dove finisce l'uomo quando disobbedisce al Padre, è il groviglio inestricabile in cui è ridotto dalle sue passioni, è la sconfitta più radicale di tutti i suoi sogni di grandezza, è il disfacimento di tutto l'uomo.

La morte vera è il vuoto, il buio, l'angoscia, la disperazione, l'odio, la distruzione.

Ebbene, il Cristo ha accettato di entrare in questa morte, in questa separazione per rendersi solidale con tutti coloro che erano nella separazione e salvarli.

Quando fu sul fondo della loro disperazione annunciò la speranza con la sua risurrezione.

Quando fu nella loro oscurità fece esplodere la luce della verità con la sua risurrezione.

Quando fu nell'abisso della loro incapacità ad amare comunicò loro l'infinito gaudio dell'amore con la sua risurrezione.

Risorgendo dai morti Cristo rinnovò ogni cosa.

Risorgendo dai morti aprì i cieli nuovi.

Risorgendo dai morti rinnovò la vita.

Chi sogna su questa terra una Chiesa trionfante sbaglia e torna senza volerlo al passato o meglio alla sua concezione infantile di Dio e dell'uomo.

La vera Chiesa è la Chiesa degli sconfitti, dei deboli, dei poveri, degli emarginati.

Peccato che le adunanze dei cristiani si facciano troppo sovente in piazza San Pietro dove il Bernini, figlio di un tempo pagano malato di trionfalismo, ha disegnato il tutto come un trionfo.

Bisogna stare attenti!

Ci si trova bene numerosi, forti, osannanti!

Ne so qualcosa anch'io!

Però attenti!

In quella piazza non c'è segno dell'agonia della Chiesa e degli uomini e... può diventare tutto sbagliato s'io mi dimentico della realtà, anche se tutto mi appare bellissimo.

La adunanze dei cristiani sono più al loro posto negli ospedali, nelle prigioni, nelle baracche, nei manicomi, là dove si soffre, si piange e si paga nelle carni le devastazioni del peccato, la prepotenza dei ricchi e dei potenti.

Il volto di Gesù è là e si rivela là perché là c'è da salvare ciò che «era perduto» (Lc 19,10).

I battimani sono una droga da cui i cristiani dovrebbero guardarsi con più attenzione.

Le processioni colossali dovrebbero essere rimandate a più tardi nel regno.

Le stoffe e i broccati del culto dovrebbero essere usati di più per coprire gli ignudi del Terzo Mondo e le ricchezze della Chiesa inviate a sfamare i bambini che muoiono di fame.

Il Vangelo è molto più serio sul vero trionfo dell'uomo e sul suo modo di pregare e di esprimere la santità.

Maria sotto la croce mi faceva vedere il volto di Gesù.

Era il volto dell'uomo trasfigurato dall'amore crocifisso.

Nessun altro volto poteva essere più bello.

INTRODUZIONE ALLE FOTOGRAFIE

Meditando il Vangelo e pregando sulla Parola, il credente percorre un ideale cammino di fede che ha il potere di incarnare attraverso l'esperienza personale di Dio i vari episodi della Scrittura nel gusto, nella cultura, nell'arte, nella liturgia del tempo.

Ne derivano le varie espressioni del pensiero e dell'arte che aiutano la marcia del Popolo di Dio e ne testimoniano la vitalità e la profondità nei secoli.

È bene però che la fede di ognuno sappia di tanto in tanto ripercorrere il cammino a partire il più possibile dal reale per sfuggire alla tentazione della routine quotidiana e per nutrire con valori nuovi la potenza e la bellezza del Messaggio di Dio.

Presentiamo qui alcune riproduzioni delle cose dette nel libro per far vedere come l'arte trasfigurò stupendamente il mistero e come la fotografia può aiutare a ripercorrere il sentiero partendo dal simbolismo delle cose reali.

Sopra: L'annunciazione (Simone Martini). *Sotto:* Nascita di Gesù (Giotto).

Sopra: Gesù fra i dottori (Matthias Stromer). *A pagina seguente:* Il figlio di Maria è nato nell'umile povertà di una grotta.

Sopra: Gesù in braccio a Giuseppe, nella ricostruzione di un ''presepio vivente''. *Nella pagina accanto:* La fuga in Egitto, dopo la strage degli innocenti.

Maria si stabilì a Nazareth di ritorno dall'Egitto.

È risorto

«Nel giorno dopo il sabato, Maria di Magdala si recò al sepolcro di buon mattino, quand'era ancora buio e vide che la pietra era stata ribaltata dal sepolcro. Corse allora e andò da Simon Pietro e dall'altro discepolo, quello che Gesù amava, e disse loro: "Hanno portato via il Signore dal sepolcro e non sappiamo dove l'hanno posto". Uscì allora Simon Pietro insieme all'altro discepolo e si recarono al sepolcro. Correvano insieme tutti e due, ma l'altro discepolo corse più veloce di Pietro e giunse per primo al sepolcro. Chinatosi, vide le bende per terra, ma non entrò. Giunse intanto anche Simon Pietro che lo seguiva ed entrò nel sepolcro e vide le bende per terra e il sudario, che gli era stato posto sul capo, non per terra con le bende ma piegato in un luogo a parte. Allora entrò anche l'altro discepolo, che era giunto per primo al sepolcro, e vide e credette. Non avevano infatti ancora compreso la Scrittura, che egli cioè doveva risuscitare dai morti.

Maria invece stava all'esterno vicino al sepolcro e piangeva.

Mentre piangeva si chinò verso il sepolcro e vide due angeli in bianche vesti, seduti l'uno dalla parte del capo e l'altro dei piedi, dove era stato posto il corpo di Gesù. Ed essi le dissero: "Donna, perché piangi?''. Rispose loro: ''Hanno portato via il mio Signore e non so dove lo hanno posto''. Detto questo, si voltò indietro e vide Gesù che stava lì in piedi; ma non sapeva che era Gesù. Le disse Gesù: ''Donna, perché piangi? Chi cerchi?''. Essa, pensando che fosse il custode del giardino, gli disse: ''Signore, se l'hai portato via tu, dimmi dove lo hai posto e io andrò a prenderlo''. Gesù le disse: ''Maria!''. Essa allora, voltatasi verso di lui, gli disse in ebraico: ''Rabbuni!'', che significa Maestro! Gesù le disse: ''Non mi trattenere, perché non sono ancora salito al Padre; ma va' dai miei fratelli e di' loro: 'Io salgo al Padre mio e Padre vostro, Dio mio e Dio vostro'''. Maria di Magdala andò subito ad annunziare ai discepoli: ''Ho visto il Signore'' e anche ciò che le aveva detto.

La sera di quello stesso giorno, il primo dopo il sabato, mentre erano chiuse le porte del luogo dove si trovavano i discepoli per timore dei Giudei, venne Gesù, si fermò in mezzo a loro e disse: ''Pace a voi!''. Detto questo, mostrò loro le mani e il costato. E i discepoli gioirono al vedere il Signore. Gesù disse loro di nuovo: ''Pace a voi! Come il Padre ha mandato me, anch'io mando voi''. Dopo aver detto questo, alitò su di loro e disse: ''Ricevete lo Spirito Santo; a chi rimetterete i peccati saranno rimessi e a chi non li rimetterete resteranno non rimessi''.

Tommaso, uno dei dodici, chiamato Didimo, non era con loro quando venne Gesù. Gli dissero allora gli altri discepoli: ''Abbiamo visto il Signore''. Ma egli disse loro: ''Se non vedo nelle sue mani il segno dei chiodi e non metto il dito nel posto dei chiodi e non metto la mia mano nel suo costato, non crederò''.

Otto giorni dopo i discepoli erano di nuovo in casa e c'era con loro Tommaso. Venne Gesù, a porte chiuse, si fermò in mezzo a loro e disse: "Pace a voi!". Poi disse a Tommaso: "Metti qua il tuo dito e guarda le mie mani; stendi la tua mano, e mettila nel mio costato; e non essere più incredulo ma credente!". Rispose Tommaso: "Mio Signore e mio Dio!". Gesù gli disse: "Perché mi hai veduto, hai creduto: beati quelli che pur non avendo visto crederanno" » (Gv 20,1-29).

Maria, ho voluto riportare tutto il capitolo di Giovanni dove racconta il fatto della risurrezione proprio perché non sapevo come fare per spiegarmi con te.

Che cosa ne dici?

È sufficiente per gli uomini chiusi nella loro oscurità il racconto di un simile avvenimento?

E innanzitutto: cos'hai provato tu quando la Maddalena ti ha detto di aver visto Gesù nel giardino?

E quando Pietro e Giovanni vennero a te, correndo, per raccontarti come avevano visto la tomba vuota?

Cos'è capitato in quel giorno?

Cosa significa credere che Cristo è risorto dai morti?

E tu l'hai rivisto in quei giorni?

Perché il Vangelo non parla di te?

Ed eri la più interessata.

Eri sua madre!

Perché non è apparso a te?

Quanto mi ha fatto pensare questo silenzio del Vangelo!

O che Gesù voleva accennare a te quando disse a Tommaso: « Beati quelli che pur non avendo visto crederanno » (Gv 20,29)?

Forse tu eri l'unica che non aveva bisogno di vedere per credere?

Ed eri beata.

Io penso di sì.

Ed è per questo che sei la nostra maestra nella fede e la lode di Elisabetta fin da principio fu la più grande lode che ti si poteva fare. « Beata te che hai creduto ».

Tu non avevi bisogni di vedere per credere.

Tu credevi al tuo Figlio risorto e ti bastava.

Credere alla risurrezione di Gesù significa credere senza vedere.

E anche io voglio credere senza vedere: come te.

Non voglio più sentire il bisogno di vedere: meglio, non lo chiedo più.

Sovente quando sono davanti al tabernacolo dico: « Io credo, Gesù, alla tua presenza nel pane eucaristico ».

Poi mi dico: « Cosa capiterebbe se il tabernacolo si aprisse e Gesù mi rivelasse la sua presenza in altro modo? Se mi comparisse sotto il segno dell'uomo Gesù come io cerco di immaginarmelo quando penso a lui? ».

Ecco cosa capiterebbe. Mi volterei dall'altra parte e gli direi: « No, non ho bisogno di altro segno, mi basta il segno del pane. Un altro segno mi turberebbe. No, non lo voglio. Potrebbe essere un inganno della mia sensibilità ».

Invece nella fede mi sento sicuro e ti dico, nello Spirito, che è il tuo Spirito: « Credo alla tua risurrezione dai morti. Credo alla tua presenza nell'eucaristia ».

No, fratelli, è inutile cercare altrove: non troverete.

L'unica cosa seria è la fede.

Gli stati d'animo vi indeboliranno, il sentimentalismo e la fantasia vi renderanno fanatici, le visioni non vi convinceranno, la ricerca dello straordinario vi alienerà dal reale, le madonne che piangono... non vi aiuteranno, ogni scorciatoia vi condurrà alla superstizione.

L'unica cosa che resterà è la fede.

Ed è per fede che io credo alla risurrezione di Cristo.

E quando credo sono invincibile: «Questa è la vittoria che vince il mondo: la nostra fede» (cfr. 1Gv 5,4).

Maria, ripetimelo tu: cosa capitò quella mattina? Fu facile alla Chiesa nascente, a Pietro, agli apostoli, ai discepoli convincersi che Cristo era risorto?

E da cosa veniva la convinzione?

Dall'aver visto?

E perché non credettero alle donne che avevano visto? (cfr. Lc 24,11).

Dall'aver visto?

Che cosa ha visto, se perfino la Maddalena scambiò il Gesù per l'ortolano? (cfr. Gv 20,15).

Dall'aver visto?

Com'è possibile vedere quando si passa una mezza giornata assieme sulla strada di Emmaus senza riconoscerlo? (cfr. Lc 24,16).

No, non è con gli occhi che si vede la risurrezione di Cristo: è nella fede. Gli occhi sono troppo ingannevoli, semmai vedono il segno.

Sarà più facile della parola? Certamente.

Soprattutto quando la parola è parola di Dio: «e cominciando da Mosè e da tutti i profeti spiegò loro in tutte le Scritture ciò che si riferiva a lui» (Lc 24,27).

Ma anche nel caso della Parola ci vuole la fede perché è nella fede che Dio rivela la sua presenza.

«E lo riconobbero allo spezzare del pane. Ma lui sparì dalla loro vista» (Lc 24,31).

È nella fede l'incontro con Dio.

È nella speranza il suo abbraccio vitale.

È nella carità l'esperienza di Dio.

E la fede è oscura.

La speranza è dolorosa.

La carità è crocifissa.

Aiutami, Maria, a credere.

Dimmi cosa vuole dire credere alla risurrezione di tuo Figlio.

«Ecco te lo dico e non dimenticarlo.

Quando vedrai la tempesta schiantare la foresta, e i terremoti scuotere la terra, e il fuoco bruciare la tua casa, di' a te stesso: credo che la foresta si rifarà, la terra tornerà nella sua immobilità e io ricostruirò la mia casa.

Quando sentirai rumori di guerra e gli uomini moriranno di paura attorno a te "e si solleveranno popoli contro popoli e regni contro regni" (Mt 24,7), di' a te stesso con estremo coraggio: "Gesù mi aveva avvertito e aveva aggiunto: 'Non temete, alzate il capo perché la liberazione è vicina'" (Lc 21,28).

Quando il peccato ti stringerà alla gola e ti sentirai soffocato e finito, di' a te stesso: "Cristo è risorto dai morti e io risorgerò dal mio peccato".

Quando la vecchiaia o la malattia tenterà di amareggiare la tua esistenza, di' a te stesso: "Cristo è risorto dai morti e ha fatto cieli nuovi e terra nuova".

Quando vedrai tuo figlio fuggire da casa in cerca di avventura e ti sentirai sconfitto nel tuo sogno di padre o di madre, di' a te stesso: "Mio figlio non sfuggirà a Dio e tornerà perché Dio lo ama".

Quando vedrai spegnersi la carità attorno a te e vedrai gli uomini come impazziti nel loro peccato e ubriacati dai loro tradimenti, di' a te stesso: "Toccheranno il fondo, ma torneranno indietro perché lontano da Dio non si può vivere".

Quando il mondo ti apparirà come sconfitta di Dio e sentirai la nausea del disordine, della violenza, del terrore, della guerra dominare sulle piazze e la terra ti sembrerà il caos, di' a te stesso: "Gesù è morto e risorto proprio per salvare e la sua salvezza è già presente tra di noi".

Quando tuo padre o tua madre, tuo figlio o tua figlia, la tua sposa, il tuo amico più caro, ti saranno dinanzi sul letto di morte e tu li fisserai nell'angoscia mortale del distacco, di' a te stesso e a loro: "Ci rivedremo nel regno, coraggio".

Questo significa credere nella risurrezione.

Ma non basta.

Credere al Cristo risorto significa ancora qualcosa:

Significa per Madre Teresa di Calcutta sollevare il moribondo e per te fare altrettanto.

Significa per Luther King affrontare la morte e per te di non aver paura di affrontare la morte per i tuoi fratelli.

Significa per l'abbé Schultz, il priore di Taizé, aprire il suo convento alla speranza e per te di aprire la tua casa alla speranza.

Ogni missionario che parte è un atto di fede nella risurrezione.

Ogni lebbrosario che si apre è un credo nella risurrezione.

Ogni trattato di pace è un atto di fede nella risurrezione.

Ogni impegno accettato è un atto di fede nella risurrezione.

Quando perdoni al tuo nemico, quando sfami l'affamato, quando difendi il debole, credi nella risurrezione.

Quando hai il coraggio di sposarti, quando accetti il figlio che nasce, quando costruisci la tua casa, credi nella risurrezione.

Quando ti alzi sereno al mattino, quando canti al sole che nasce, quando vai al lavoro con gioia, credi nella risurrezione.

Credere nella risurrezione significa permeare la vita di fiducia, significa dar credito al fratello, significa non aver paura di nessuno.

Credere nella risurrezione significa pensare che Dio è padre, Gesù tuo fratello e io, Maria, tua sorella e, se vuoi, tua Madre».

Pregare con Maria

Dopo aver tentato di dir qualcosa su Maria di Nazaret vorrei cercare di entrare con te nella sua preghiera.

La tradizione più antica del popolo cristiano, la forma più popolare e semplice ha sempre visto lo sforzo di scegliere qualche giorno per fare da soli o in comunità un cammino di fede, rendendoci disponibili all'azione dello Spirito, invocato proprio per intercessione di lei che con lo Spirito Santo ebbe tanta intimità di vita.

La scelta di un periodo di nove giorni è quella che più ricorre soprattutto nella vita del popolo, cioè di chi non ha storie per la testa, ma prega per vivere e cerca di andare a fondo delle cose.

Il libro e le meditazioni sono proprio articolate su impegno di nove giorni che propongo anche a te con semplicità, come faceva mia madre che quando eravamo nel bisogno diceva: « Facciamo una novena alla Madonna ».

La preghiera segue chiaramente due indirizzi che io credo sostanziali per un'autentica devozione mariana: l'indirizzo biblico e l'indirizzo contemplativo.

L'indirizzo biblico ha lo scopo di nutrire l'anima della parola di Dio, parola che diventa a sua volta ispirazione teologica e mette l'uomo nella vera luce della rivelazione tenendolo lontano dalle deformazioni pietistiche e dalla superficialità sentimentale.

L'indirizzo contemplativo batte un'altra strada e, dando per scontato il nutrimento biblico e teologico, impegna l'uomo nell'amore che esprime con formule semplici iterative, litaniche come il rosario, le giaculatorie ecc. Il tipo di questa preghiera è quasi sempre ritmico, semplice, povero e ripete, ripete le stesse cose.

A tutta prima, una preghiera di questo genere può apparire come immatura, formale, non intelligente e invece per chi capisce è esattamente il contrario: preghiera matura, spontanea e dotata della più alta intelligenza che è l'intelligenza del cuore. Se la sposa dice allo sposo: « Ti amo », non è una brutta cosa. E se glielo dice cinquanta volte di seguito non credo che lo sposo s'offenda e consideri la sposa stupida perché ripete le stesse cose.

È proprio dell'amore ripetersi col ritmo delle parole semplici e calde. Quindi per concludere: se tu senti il bisogno di nutrire la tua preghiera con testi biblici fa' pure, però se t'accorgi che, tornando dal lavoro, ti trovi bene e in pace nel prendere in mano il rosario e diffonderti in una preghiera ritmica e iterativa sii contento.

E ricordalo: se riesci a dir tutto il rosario senza preoccuparti di pensare, ma solo contento di stare in pace con la Madre di Gesù, sii felice perché certamente sei sotto l'azione dello Spirito e questo è ciò che conta quando si prega.

Troverai quindi il progetto di nove giorni di preghiera.

L'indirizzo biblico ti è indicato nella prima parte con le Lodi, Vespro e Letture.

L'indirizzo contemplativo di seguito con il suggerimento di formule, impegni.

Tu scegli con semplicità, adattandoti a ciò che ti interessa di più.

In un caso o nell'altro cerca non tanto la cultura ma l'amore.

È sempre la maniera più vera e più sicura per affrontare il divino ritmo della preghiera.

Rosario

Per chi non capisce niente della vita spirituale il rosario è sinonimo di una preghiera retorica, stupida, inutile.

Per chi è « spirituale », per chi è arrivato avanti nel cammino della preghiera, il rosario è il modo più semplice per aiutarsi a vivere la preghiera in modo concreto e prolungato.

Non temo nell'affermare che chi ama questo tipo di preghiera e si trova a suo agio nel dire il rosario è un contemplativo o certamente sulla via della contemplazione.

Quindi: attenti nel parlar male di cose che non si conoscono.

Il rosario è un modo universale di preghiera; difatti lo troviamo in tutte le religioni rivelate.

Te ne indico tre che possono essere usati da te in questo periodo.

ROSARIO MARIANO: È IL NOSTRO

È fatto da cinquanta grani sistemati e suddivisi in cinque decine e intercalati da un grano più grosso. È un vero piccolo ufficio della Madonna, un modo semplice per aiutare il popolo a pregare. Nella tradizione cattolica ha avuto un ruolo fondamentale. Per molti poveri è stato l'unico aiuto per mantenere la fede in tempi duri e aridi.

Il rosario è il tentativo di riunire nello spazio di quindici minuti un piccolo itinerario di meditazione sulla vita della Vergine intercalandolo con la preghiera iterativa, litanica dell'Ave Maria.

L'itinerario di meditazione batte tre piste molto semplici: la gioia di Maria, il dolore di Maria, la gloria di Maria, e si articola su cinque quadri chiamati misteri (il termine è medioevale, quando venivano chiamati «misteri» le rappresentazioni sacre).

Per uscire dalla monotonia l'indicazione era:

Lunedì = gioia di Maria
Giovedì = misteri gaudiosi

Martedì = dolore di Maria
Venerdì = misteri dolorosi

Mercoledì =
Sabato = gloria di Maria
Domenica = misteri gloriosi

Ed ecco l'itinerario dei quindici misteri:

Misteri gaudiosi

1) L'Annunciazione
2) La visita ad Elisabetta
3) La nascita di Gesù
4) La presentazione al Tempio
5) Il ritrovamento di Gesù

Misteri dolorosi

1) L'agonia di Gesù
2) La flagellazione
3) L'incoronazione di spine
4) Il viaggio al Calvario
5) La morte di Gesù

Misteri gloriosi

1) La Risurrezione
2) L'Ascensione
3) La discesa dello Spirito Santo
4) L'Assunta
5) Il Paradiso

ROSARIO BIZANTINO

Diciamo « rosario » per intenderci, ma in realtà nella liturgia bizantina è chiamato « Čotki » e in russo « Comvolojan ».

È un rosario di lana con cento grani che si fanno scorrere sotto le dita, dicendo ad ogni grano: « Signore Gesù Cristo, figlio del Dio vivente, abbi pietà di me, peccatore ».

È la stessa origine della famosa preghiera di Gesù del Pellegrino russo: « Signore pietà, sono peccatore! ».

Questo ripetere, ripetere questa preghiera è un modo molto utile per « addormentare » la fantasia e l'immaginazione.

Come la mamma addormenta il bambino cullandolo, così il ritmo e la monotonia placano queste due

« matte » di casa che sono sempre pronte a distrarre la preghiera.

ROSARIO ISLAMICO (SUBHA)

È indubbiamente il più semplice e il più perfetto. È la preghiera del deserto delle lunghe marce, dell'adorazione e della lode prolungata.

Formato da novantanove grani (corrispondenti alle novantanove lodi di Dio), si fa scorrere sotto le dita con un'unica invocazione scelta tra le novantanove.

È veramente una fonte straordinaria di preghiera.

Chi è innamorato di Dio non si sazia di ripeterlo.

Andando nei paesi islamici, vi sarà facile vedere i « credenti » camminare tenendo in mano il rosario e facendo scorrere i grani sotto le dita mentre le labbra sussurrano: « Dio mio, come sei grande »; oppure: « Dio, sei il misericordioso ».

Sovente l'espressione scelta è tenuta come « segreto » personale.

Io, ad esempio, non sono mai riuscito a farmi dire da qualcuno, anche se amico, l'espressione usata nella preghiera.

Io invece ve la dico perché ho meno pudore: « Dio mio, ti amo, abbi pietà di me »; e penso non esista al mondo nessuna sposa che abbia detto al suo sposo più di me: « Io ti amo ».

Ecco le 99 lodi di Dio

Il Benefattore
Il Misericordioso

Il Donatore
Il Dispensatore

Il Re
La Bellezza
La Pace
Il Fedele
Il Difensore
Il Potente
Il Riparatore
Il Grande
Il Fecondo
Il Creatore
Il Vigilante
L'Indulgente
Il Dominatore
Il Glorificato
Il Magnifico
Il Guardiano
La Provvidenza
Il Maestoso
Il Generoso
La Sentinella
Colui che vede
Colui che esaudisce
Il Saggio
Lo Splendido
L'Amantissimo
Colui che abbassa
Colui che innalza
Colui che dà la dignità
Colui che toglie
L'Invincibile
Il Santo
Il Degno di ogni lode

Il Vittorioso
La Conoscenza
Colui che apre
Colui che chiude
Il Veggente
L'Attento
Il Giudice
Il Giusto
Il Sottile
L'Osservatore
Il Clemente
Il Magnanimo
Il Piacevole
L'Immutabile
L'Unico
L'Eterno
Il Bene
La Carità
Il Prudente
Colui che produce
Colui che previene
Il Primo
L'Ultimo
Il Manifestato
Il Nascosto
Il Protettore
Il Degnissimo
L'Onnipotente
Il Testimone
La Verità
Il Forte
Il Diritto
Il Perdono
Il Giudice

L'Onnisciente
Il Principe
La Risurrezione
Il Padrone della morte
Il Vivente
L'Opulento
La Novità
L'Equo
Colui che raduna
Il Sufficiente
Il Ricco
Colui che detiene
i beni
Colui che li separa
Colui che li
distribuisce

Il Buono
L'Amabile
Il Regno
Il Signore della
Maestà
Il Signore della
Generosità
La Luce
Il Compassionevole
Il Glorioso
L'Universale
La Guida
Il Perfetto
Il Sublime
Il Paziente
La Dolcezza

La centesima lode è tenuta nascosta e Dio la rivela personalmente a chi vuole.

Progetto per nove giorni di preghiera a indirizzo biblico e a indirizzo contemplativo

I GIORNO

Indirizzo biblico

Maria, sorella mia

Il tema di oggi è Maria nella mia storia. È un tentativo. Può darsi ti sia facile, può darsi di no. Fallo con semplicità. Leggi il primo capitolo del libro dove io racconto la mia esperienza. Tu racconta la tua. Poi cerca di pregare.

Ti indico due strade:

Lodi	Salmo 8 Salmo 13 Cantico di Mosè (Es 15,1-20)
Vespro	Salmo 4 Salmo 11 Cantico di Anna (1Sam 2,1-11)
Letture	Genesi 1 Isaia 59 Giovanni 1

I GIORNO

Indirizzo contemplativo

T'insegno un modo nuovo di adoperare la corona: alla maniera orientale.

Prendi la corona e la scorri sotto le dita. Ad ogni grano di': « Ave Maria »; ogni decina intercali la giaculatoria con l'Ave Maria detta per disteso. *Oppure:* « Madre mia, fiducia mia »; *oppure:* « Sia fatto di me secondo la tua parola ».

In giornata loda Maria così:

O mio unico sollievo,
divina rugiada, refrigerio alla mia arsura,
pioggia che scende da Dio sull'arido mio cuore,
lampada risplendente nell'oscurità
della mia anima,
guida del mio cammino,
sostegno della mia debolezza,
abito della mia nudità,
ricchezza della mia estrema miseria,
medicina delle insanabili mie ferite,
termine delle mie lacrime e dei miei gemiti,
liberazione da ogni sventura,
sollievo dei miei dolori,
liberazione dalle mie schiavitù,
speranza della mia salvezza...

Così sia, o mia Signora;
così sia, o mio rifugio,
mia vita e mio aiuto,
mia difesa e mia gloria,
speranza mia e mia fortezza.

GERMANO DI COSTANTINOPOLI [1]

[1] Questa preghiera e le sei che seguono (eccetto lo *Stabat Mater*, il *Magnificat* e *Salve o stella del mare*) sono tratte da *Lodi alla Madonna nel primo millennio delle Chiese d'Oriente e d'Occidente*, a cura di Costante Berselli e Georges Gharib, Edizioni Paoline, Roma 1979.

II GIORNO

Indirizzo biblico

Ave Maria

Il tema è l'Annunciazione.

Ho cercato di portare la Madonna il più vicino possibile alla nostra vita. Annunciazione significa innanzitutto Dio che interviene nella nostra vita: è il Dio con noi. Significa anche vocazione, chiamata, invito a compiere il nostro esodo verso la liberazione.

Maria ci insegna il coraggio e la forza nella fede.

Lodi	Salmo 16 Salmo 18 Cantico di Mosè (Dt 32,1-43)
Vespro	Salmo 17 Salmo 19 Cantico di Maria (Lc 1,46-55)
Letture	Esodo 17 Colossesi (tutta) Luca 1

II GIORNO

Indirizzo contemplativo

L'angelo del Signore portò l'annuncio a Maria, ed essa concepì per opera dello Spirito Santo.

Ecco la serva del Signore. Sia fatto di me secondo la tua parola.

E il verbo di Dio si fece carne e abitò tra di noi.

Ave Maria...

Oppure:

Rallegrati o Maria, madre del Signore, perché hai ricevuto la buona novella.

Rallegrati o benedetta fra tutte le donne, perché tutte le generazioni ti cantano beata.

Beati coloro che ascoltano la parola di Dio e la vivono.

Rallegrati o Maria, umile serva del Signore, perché hai creduto alle sue promesse.

Rallegrati tu che sei colma dell'amore di Dio, perché di te si rallegra ogni creatura.

Beati coloro che ascoltano la parola di Dio e la vivono.

Rallegrati o Maria, madre del Messia, perché Cristo è risorto dai morti.

Rallegrati, figura della Chiesa, perché Gesù ha fatto di te la Madre dei credenti.

Beati coloro che ascoltano la parola di Dio e la vivono.

Oppure:

Con la Vergine Maria, madre del Signore, la nostra anima magnifica il Signore e trasale di gioia in Gesù nostro salvatore.

Benedetto nei secoli il Signore!

Con Maria, la figlia umile di Dio, il nostro cuore canta e grida: Dio è con noi!

Benedetto nei secoli il Signore!

Con Maria, la serva del Signore, abbandoniamo la nostra vita in Dio e diciamo: sia fatta la sua parola in noi.

Benedetto nei secoli il Signore!

Con Maria, donna vestita di sole, diamo al mondo un segno della venuta prossima del Signore.

Benedetto nei secoli il Signore!

Con Maria, la madre dell'Emmanuele, lasciamo che il Verbo si faccia carne in noi e ponga noi nella sua tenda.

Benedetto nei secoli il Signore!

Oggi puoi scorrere la corona dicendo a scelta la formula dell'*Angelus*. Soprattutto questa:

Ecco la serva del Signore,
Sia fatto di me secondo la tua parola.

Prima di notte loda Maria così:

Salve, canto dei cherubini
  e lode degli angeli.
Salve, pace e gioia
  del genere umano.

Salve, giardino di delizie,
salve, o legno della vita.
Salve, baluardo dei fedeli
e porto dei naufraghi.
Salve, richiamo di Adamo,
salve, riscatto di Eva.
Salve, fonte della grazia
e dell'immortalità.
Salve, tempio santissimo,
salve, trono del Signore.
Salve, o casta, che hai schiacciato
la testa del drago
precipitandolo nell'abisso.
Salve, rifugio degli afflitti,
salve, riscatto della maledizione.
Salve, o Madre del Cristo,
Figlio del Dio vivo,
cui conviene gloria, onore,
adorazione e lode
ora e sempre e dappertutto.
Amen e nei secoli.

EFREM SIRO

III GIORNO

Indirizzo biblico

Dio mio, figlio mio

Dio nasce in Maria e nasce nella nostra realtà. È il capovolgimento di tutti i valori. L'infinitamente lontano diviene l'infinitamente vicino. È l'intimità che si sostituisce alla paura, nasce la confidenza.

Il massimo è poter dire a Dio: « Figlio mio », cioè aver avuto il coraggio di generarlo nella fede.

Lodi	Salmo 23 Salmo 26 Cantico di Giona (Gio 2,3-10)
Vespro	Salmo 25 Salmo 24 Cantico di Maria (Lc 1,46-55)
Letture	Isaia 35 Giovanni 13 Luca 2

III GIORNO

Indirizzo contemplativo

Oggi riempi gli spazi vuoti della tua giornata scorrendo il tuo rosario all'« orientale » con la formula: « Dio mio, figlio mio », pensando in verità che la fede ha il potere di « generare » Dio nella tua vita sotto il grido della tua fede, della tua speranza, del tuo amore.

Lode

Salve, madre della gioia celeste,
Salve, tu che alimenti in noi un gaudio sublime,
Salve, sede della gioia che salva,
Salve, tu che ci offri la gioia perenne,
Salve, o mistico luogo della gioia ineffabile,
Salve, o campo degnissimo della gioia indicibile.

Salve, o sorgente beata della gioia infinita,
Salve, o tesoro divino della gioia senza fine,
Salve, o albero ombroso della gioia che dà vita,
Salve, o Madre di Dio, non sposata,
Salve, o Vergine, dopo il parto integerrima,
Salve, spettacolo mirabile, al disopra di ogni prodigo.

Chi potrebbe descrivere il tuo splendore?
Chi potrebbe raccontare il tuo mistero?
Chi sarebbe capace di proclamare la tua grandezza?
Tu hai ornato la natura umana.
Tu hai superato le legioni angeliche...
Tu hai superato ogni creatura...
Non ti acclamiamo: Salve, o piena di grazia!

SOFRONIO DI GERUSALEMME

IV GIORNO
Indirizzo biblico

Il caos della storia

Oggi mediterai sulla debolezza di un Dio che rinuncia alla sua onnipotenza per entrare nella storia e accettarne le conseguenze.

Il massacro degli Innocenti è il sunto di un inesplicabile caos che Gesù accetta per salvare gli uomini, ma è anche il segno che la volontà di Dio si compie al di là e nonostante la prepotenza dell'uomo.

Lodi	Salmo 28 Salmo 30 Cantico di Abacuc (Ab 3)
Vespro	Salmo 29 Salmo 31 Cantico dei tre fanciulli (Dn 3,52-90)
Letture	Geremia 9 Osea 2 Luca 15

IV GIORNO

Indirizzo contemplativo

Oggi la tua giaculatoria è: «Tutto è possibile a Dio».

Lode

L'anima mia magnifica il Signore e il mio spirito esulta in Dio, mio salvatore, perché ha guardato l'umiltà della sua serva. D'ora in poi tutte le generazioni mi chiameranno beata.

Grandi cose ha fatto in me l'Onnipotente e Santo è il suo nome: di generazione in generazione la sua misericordia si stende su quelli che lo temono.

Ha spiegato la potenza del suo braccio, ha disperso i superbi nei pensieri del loro cuore; ha rovesciato i potenti dai troni, ha innalzato gli umili; ha ricolmato di beni gli affamati, ha rimandato i ricchi a mani vuote.

Ha soccorso Israele, suo servo, ricordandosi della sua misericordia, come aveva promesso ai nostri padri, ad Abramo e alla sua discendenza, per sempre.

(Lc 1,46-55)

V GIORNO

Indirizzo biblico

Nazaret

La meditazione su Nazaret è abissale ed è la più vicina alla tua, alla mia vita.

Nazaret è il modo di vivere su questa terra sotto l'azione della fede. Nazaret significa Dio con noi, significa la divinizzazione delle cose semplici come il lavoro, i rapporti umani. Significa preghiera ventiquattr'ore su ventiquattro.

Guarda che è fondamentale questa giornata.

Lodi	Salmo 33
	Salmo 37
	Cantico (Colossesi 2,6-11)
Vespro	Salmo 34
	Salmo 39
	Cantico del Siracide (Siracide 42-43)
Letture	Isaia 53
	Lettera agli Efesini
	Luca 4

V GIORNO

Indirizzo contemplativo

Oggi potresti tentare di dire il rosario. Lo sai come è il rosario della tradizione.

Annunci il mistero e poi reciti dieci volte l'Ave Maria.

I cinque misteri gaudiosi:

1) L'Annunciazione
2) La visita ad Elisabetta
3) La nascita di Gesù
4) La presentazione al Tempio
5) Il ritrovamento di Gesù

Lode

Salve, o stella del mare,
gloriosa madre di Dio;
o Vergine santa, Maria,
o porta spalancata sul cielo!

L'angelo che il cielo ti manda
porta un messaggio di Dio.
Tu lo accogli: cambia allora il destino di Eva
e al mondo sorride la pace.

Spezza le catene di ogni oppressione,
offri la tua luce a chi non vede,
allontana il male da ogni uomo,
chiedi per ciascuno tutto il bene.

Sentano tutti che sei nostra madre.
Presenta tu a Cristo le nostre preghiere;
ed egli, che si è fatto tuo Figlio, clemente le accolga.

Vergine eccelsa, dolce e amata,
liberaci dalle nostre colpe,
rendici umili e puri.
Donaci giorni tranquilli,
veglia sul nostro cammino
fino a che incontreremo il tuo Figlio,
lieti nel cielo.

(Inno popolare del secolo IX)

VI GIORNO
Indirizzo biblico

Fate quello che vi dirà

È la meditazione sull'impegno, sull'apostolato, sul servizio.

Che cos'è l'apostolato? È fare ciò che ci dice il Cristo. Non un vuoto agitarsi. Maria ci aiuta a stare vicino a Gesù e a provocarlo con la nostra preghiera e forzargli la mano con la nostra carità.

Lodi	Salmo 40
	Salmo 46
	Cantico (Is 26,9-21)
Vespro	Salmo 42
	Salmo 47
	Cantico di Maria (Lc 1,46-55)
Letture	Esodo 19-20
	Ezechiele 34
	Giovanni 15

VI GIORNO

Indirizzo contemplativo

Potresti scorrere oggi il tuo rosario all'« orientale » con giaculatoria sull'apostolato.

È il tema del giorno:

« Padre, manda operai nella tua messe ».

« Padre, salvaci, siamo perduti ».

« Padre, venga il tuo regno ».

Lode serale

O Maria, vastità del cielo,
fondamento della terra,
profondità dei mari, luce del sole,
bellezza della luna,
splendore delle stelle del cielo...
Il tuo seno portò Iddio
dalla cui maestà l'uomo è intimorito.
Il tuo grembo contenne il carbone ardente.
Le tue ginocchia sostennero il leone,
la cui maestà è terribile.
Le tue mani toccarono
Colui che è intoccabile
e il fuoco della divinità che è in lui.
Le tue dita somigliano alle molle incandescenti
con le quali il profeta ricevette il carbone dell'oblazione celeste.
Tu sei il canestro di questo pane di ardente fiamma
e il calice di questo vino.
O Maria, che produci nel tuo seno
il frutto dell'oblazione...
ti preghiamo insistentemente
perché ci custodisca dal nemico che ci insidia

e perché, come non si divide
la misura dell'acqua dal vino,
così noi non ci separiamo da te e dal tuo Figlio,
Agnello di salvezza.

(Anafora etiopica)

VII GIORNO

Indirizzo biblico

Il morire di Gesù

Questa è la meditazione fondamentale per capire il pensiero intimo di Gesù. È la scoperta del volto del Servo sofferente delineato da Isaia e realizzato dal Cristo. Capire o non capire questo atteggiamento significa entrare o non entrare nel Vangelo.

Lodi	Salmo 22 Salmo 51 Cantico di Zaccaria (Lc 1,68-79)
Vespro	Salmo 55 Salmo 57 Cantico del Servo (Is 49)
Letture	Geremia 14-15 Isaia 53 Giovanni 18-19

VII GIORNO

Indirizzo contemplativo

Potresti impegnarti con la recita del rosario sui misteri dolorosi:

1) Il Getsemani
2) La flagellazione
3) L'incoronazione di spine
4) La condanna
5) La morte di Gesù sulla croce.

Se vuoi recitare il rosario alla maniera orientale, eccoti alcune giaculatorie:

«Padre, non la mia volontà ma la tua si faccia.
Dio mio, perché mi hai abbandonato?».

Stabat Mater

Addolorata, in pianto
la Madre sta presso la croce
da cui pende il Figlio.

Immersa in angoscia mortale
geme nell'intimo del cuore
trafitto da spada.

Quanto grande è il dolore
della benedetta fra le donne,
Madre dell'Unigenito!

Piange la Madre pietosa
contemplando le piaghe
del divino suo Figlio.

Chi può trattenersi dal pianto
davanti alla Madre di Cristo
in tanto tormento?

Chi può non provare dolore
davanti alla Madre
che porta la morte del Figlio?

Per i peccati del popolo suo
ella vede Gesù nei tormenti
del duro supplizio.

Per noi ella vede morire
il dolce suo Figlio,
solo, nell'ultima ora.

O Madre, sorgente di amore,
fa' ch'io viva il tuo martirio,
fa' ch'io pianga le tue lacrime.

Fa' che arda il mio cuore
nell'amare il Cristo-Dio,
per essergli gradito.

Ti prego, Madre santa:
siano impresse nel mio cuore
le piaghe del tuo Figlio.

Uniscimi al tuo dolore
per il Figlio tuo divino
che per me ha voluto patire.
Con te lascia ch'io pianga
il Cristo crocifisso
finché avrò vita.

Restarti sempre vicino
piangendo sotto la croce:
questo desidero.

O Vergine santa tra le vergini,
non respingere la mia preghiera,
e accogli il mio pianto di figlio.

Fammi portare la morte di Cristo,
partecipare ai suoi patimenti,
adorare le sue piaghe sante.

Ferisci il mio cuore con le sue ferite,
stringimi alla sua croce,
inèbriami del suo sangue.

Nel suo ritorno glorioso
rimani, o Madre, al mio fianco,
salvami dall'eterno abbandono.

O Cristo, nell'ora del mio passaggio
fa' che, per mano a tua Madre,
io giunga alla mèta gloriosa.

Quando la morte dissolve il mio corpo
aprimi, Signore, le porte del cielo,
accoglimi nel tuo regno di gloria.

VIII GIORNO

Indirizzo biblico

È risorto

Cosa significa per me credere che Cristo è risorto dai morti?

Maria te lo dice.

Usciamo dalla retorica e dal sentimentalismo o dal fideismo ed entriamo decisamente nella dinamica della fede, della speranza e della carità, che sono il vero terreno dove si realizza giorno per giorno la risurrezione di Gesù.

Lodi	Salmo 62
	Salmo 68
	Cantico (Ez 37,1-15)
Vespro	Salmo 66
	Salmo 84
	Cantico (Ap 5,1-13)
Letture	Giona (tutto)
	Apocalisse (21-22)
	Luca 24

VIII GIORNO

Indirizzo contemplativo

Se sgrani oggi il tuo rosario alla maniera orientale di': « Cristo Gesù è risorto, è veramente risorto », e dillo fino a che senti la bocca asciutta.

E prima di notte loda Maria così:

O Vergine, da te,
come da montagna non tagliata,
fu staccato Cristo, la pietra angolare
che ha unito le nature divise.
Per questo ci rallegriamo
e ti magnifichiamo, o Teotòkos!

Venite, ricordiamo con cuore puro
e animo sobrio la Figlia del Re,
lo splendore della Chiesa,
più brillante dell'oro,
e magnifichiamola!

Salve! e gioisci, o Sposa del gran Re,
tu che rifletti splendidamente
la bellezza del tuo sposo,
ed esclami con il tuo popolo:
O Datore della vita,
ti magnifichiamo!

O Salvatore, dona il tuo celeste aiuto alla tua Chiesa;
essa non riconosce altro Dio
e liberatore all'infuori di te,
che hai dato la tua vita per essa
e ti glorifica in conoscenza.

Accetta le suppliche del tuo popolo,
o Vergine Madre di Dio,
e intercedi senza posa presso tuo Figlio,
affinché liberi noi che ti lodiamo
dai pericoli e tentazioni.
Tu sei infatti la nostra ambasciatrice
e la nostra speranza.

ANDREA DI CRETA

IX GIORNO

Indirizzo biblico

Con Maria

Lodi	Salmo 89 Salmo 103 Cantico della Gerusalemme celeste (Ap 21)
Vespro	Salmo 91 Salmo 104 Cantico di Maria (Lc 1,46-55)
Letture	Isaia 42 Lettera ai Filippesi Giovanni 17

IX GIORNO

Indirizzo contemplativo

Eccoci alla conclusione del breve ritiro di nove giorni fatto in compagnia di Maria.

Devi scegliere, meglio, forgiare la tua giaculatoria fondamentale, il tuo « segreto » che d'ora innanzi ripeterai come espressione d'amore quanto d'incontrerai con lui. Vedrai che ti aiuterà a raggiungere la « preghiera continua ».

A Compieta recita:

Lasciamoci guidare dalle parole di Gabriele, cittadino del cielo, e diciamo:
  Salve, o piena di grazia, il Signore è con te!
Ripetiamo con lui:
  Salve, o nostra tanto bramata letizia!
Salve, o esultanza della Chiesa!
  Salve, o nome pieno di profumo!
Salve, o viso illuminato dalla luce di Dio
  e che emana bellezza!
Salve, o memoriale tutto di venerazione!
  Salve, o vello salutare e spirituale!
Salve, o chiara madre della luce nascente!
  Salve, o intemerata madre della santità!
Salve, o fonte zampillante d'acqua viva!
Salve, o madre novella
  e modellatrice della nuova nascita!
Salve, o madre piena di mistero e inspiegabile!...
  Salve, o vaso d'alabastro
  dell'unguento di santificazione!

Salve, tu che valorizzi la verginità!
Salve, o modesto spazio, che ha accolto in sé
Colui che il mondo non può contenere!

TEODOTO DI ANCYRA

Indice

Stampa: 1989
Società San Paolo, Alba (Cuneo)
Printed in Italy.